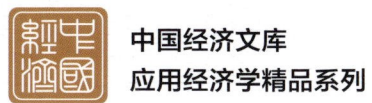

中国经济文库
应用经济学精品系列

区域政策协同效应影响企业转型升级机制创新研究

王伊攀◎著

作者简介

王伊攀，经济学博士，山东工商学院金融学院副教授，硕士生导师，山东省高等学校青年创新团队带头人，教育部学位中心、中国知网、学术桥等评审专家，《财贸经济》《财政研究》《财经研究》《上海财经大学学报》《金融监管研究》《Humanities & Social Sciences Communications》等期刊审稿专家。主要研究方向为政企互动与公司治理。

主持国家社会科学基金项目2项，参与国家社会科学基金重大招标项目等6项。在《中国工业经济》《经济科学》《财经研究》《经济管理》《Technology in Society（SSCI中国科学院1区TOP）》等CSSCI、SSCI期刊发表论文20余篇，出版专著1部。

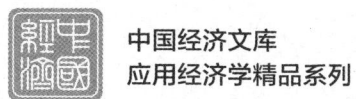

中国经济文库
应用经济学精品系列

国家社会科学基金青年项目（17CJY027）

区域政策协同效应影响企业转型升级机制创新研究

王伊攀 ◎ 著

·北京·

图书在版编目（CIP）数据

区域政策协同效应影响企业转型升级机制创新研究／王伊攀著．－－北京：中国经济出版社，2025．5．
ISBN 978-7-5136-8147-6

Ⅰ．F279.23

中国国家版本馆 CIP 数据核字第 2025FN8664 号

组稿编辑　崔姜薇
责任编辑　冀　意
责任印制　李　伟
封面设计　任燕飞

出版发行　中国经济出版社
印　刷　者　北京科信印刷有限公司
经　销　者　各地新华书店
开　　　本　710mm×1000mm　1/16
印　　　张　14
字　　　数　211千字
版　　　次　2025年5月第1版
印　　　次　2025年5月第1次
定　　　价　88.00元
广告经营许可证　京西工商广字第8179号

中国经济出版社　网址 http://epc.sinopec.com/epc/　社址 北京市东城区安定门外大街58号　邮编 100011
本版图书如有印装质量问题，请与本社销售中心联系调换（联系电话：010-57512564）

版权所有　盗版必究（举报电话：010-57512600）
国家版权局反盗版举报中心（举报电话：12390）　服务热线：010-57512564

前 言
PREFACE

2022年4月,《中共中央 国务院关于加快建设全国统一大市场的意见》明确提出"系统协同,稳妥推进"的工作原则,强调要提高"政策的统一性、规则的一致性、执行的协同性"。破除制度层面的不协同与碎片化问题,既是落实这一重大战略部署的前提条件,更是实现政策协同的内在要求。

在经济高质量发展背景下,政策协同对企业转型升级具有关键推动作用。作为产业转型升级的微观主体,企业的转型成效直接影响经济发展质量。然而,企业转型升级的复杂性决定了仅依靠企业自身力量难以实现,亟须政府政策的系统性支持。但实践过程中,地方政府在推动企业转型时却面临"发达地区环境规制下企业仅转移污染却不转型""落后地区政策冲突阻碍环境执法"等碎片化治理难题。在此背景下,区域政策协同效应——包括区域间政策梯度差异以及区域内扶持政策与环境规制的结构性关系,成为破解企业转型升级困局的重要突破口。

本书以政策协同效应为研究视角,从正向激励与负面约束双重维度,探讨政策协同对企业"就地转型"或"异地转移"决策的影响机制。研究聚焦于两大核心层面:一是基于区域间政策梯度差异形成的迁移成本约束;二是区域内转型扶持政策与环境规制政策的协同效应。通过分析政策协同如何压缩企业利用政策漏洞进行污染转移的获利空间,旨在为构建"污染治理—企业转型"双赢格局提供理论参考与实践路径。相较于已有研究,本书的创新贡献主要体现在以下方面:

第一,构建了政策协同与企业转型升级的系统化研究框架。通过运用CiteSpace可视化工具绘制知识图谱,全面梳理企业转型升级领域的研究脉络，深入剖析其驱动机制与政策障碍，并对政策协同的理论内涵、现实意义及作用机理进行了创新性阐释，为后续研究奠定了坚实的理论基础。

第二，揭示了地方政府产业政策制定的微观动力机制。本书从地方官员决策逻辑切入，探讨了产业政策的形成过程、影响因素及其作用于微观企业的传导路径。这一研究不仅深化了对政府—企业互动关系的理解，丰富了中国情境下产业政策研究的理论维度，更为政府优化政策设计提供了新的认知视角。

第三，创新了环境政策协同的量化研究方法。本书从省内城际、城市群、省际三个空间维度，构建了环境政策协同程度的测度指标体系，并通过手工数据补充完善，实证分析了环境政策协同对企业转型升级的影响效应与作用机制。这一研究拓展了环境政策协同微观治理效应的研究边界，为区域联合推动企业转型升级与实现高质量发展提供了理论支撑。

第四，深化了政策碎片化对企业策略行为的影响研究。通过企业异地设立子公司数据，本书首次在微观层面刻画了环境污染转移行为，验证了环境规制跨区负溢出效应的存在性与异质性，夯实了相关研究的微观基础。同时，研究区分了动态与静态视角下中央非对称环境规制政策的治理差异，揭示了土地招商政策与重污染企业迁移的内在机制，为环境污染精细化治理与政策协同提供了实践参考。

第五，拓展了政府采购政策的协同治理功能。本书以企业金融化的"投资替代"与"蓄水池"理论为基础，创新性地提出政府采购通过提升实业盈利性、提供金融支持与稳定市场预期三条路径抑制企业金融化的作用机制。这一研究弥合了传统理论与实践的鸿沟，为政府采购职能的拓展与政策协同工具的创新提供了新思路。

本书的完成感谢国家社会科学基金青年项目"区域政策协同效应影响企业转型升级机制创新研究"（批准号17CJY027）的支持！感谢我的学生朱晓满、袁月媚、张含笑、宋新宇出色的助研工作，他们在书稿资料的收集、整理和初稿的撰写过程中，付出了很多努力！

目 录
CONTENTS

第一章 引 言 …………………………………………………… 001
 第一节 选题背景与研究意义 ………………………………… 001
 第二节 研究重点、难点与关键问题 ………………………… 006
 第三节 研究思路与方法 ……………………………………… 007
 第四节 创新点与不足 ………………………………………… 010

第二章 企业转型升级驱动机制：作用路径与政策障碍 ……… 012
 第一节 企业转型升级的概念界定与衡量 …………………… 012
 第二节 企业转型升级的研究现状、热点与趋势 …………… 015
 第三节 企业转型升级驱动机制作用路径 …………………… 029
 第四节 企业转型升级的政策障碍 …………………………… 031
 第五节 本章小结 ……………………………………………… 033

第三章 地方政府推动企业转型升级机制：动力来源与效果
    分析 …………………………………………………… 035
 第一节 地方政府单位政策如何推动企业转型升级 ………… 036
 第二节 地方政府推进企业转型升级的政策背景与动力来源 … 038
 第三节 产业政策制定的政企博弈模型 ……………………… 041
 第四节 地方政府推动企业转型升级机制的效果检验 ……… 046
 第五节 本章小结 ……………………………………………… 054

第四章　区域政策协同影响企业转型升级：现实意义与理论基础 ·········· 056

- 第一节　区域政策协同的内涵与量化 ·········· 056
- 第二节　区域政策协同对企业转型升级的现实意义 ·········· 060
- 第三节　区域政策协同影响企业行为的理论基础 ·········· 065
- 第四节　本章小结 ·········· 072

第五章　区域间政策协同对企业转型升级的影响：直接效应检验 ·········· 073

- 第一节　区域间环境规制协同如何影响企业转型升级 ·········· 074
- 第二节　制度背景与理论分析 ·········· 076
- 第三节　实证研究设计 ·········· 083
- 第四节　实证结果分析 ·········· 087
- 第五节　机制分析 ·········· 090
- 第六节　拓展分析 ·········· 096
- 第七节　本章小结 ·········· 098

第六章　区域间政策协同对企业转型升级的影响：异地迁移视角 ·········· 100

- 第一节　区域间环境规制差异诱发污染企业异地迁移 ·········· 101
- 第二节　制度背景与研究假设 ·········· 103
- 第三节　实证策略与设计 ·········· 108
- 第四节　环境规制影响重污染企业空间布局的回归分析 ·········· 113
- 第五节　环境协同治理政策效果比较 ·········· 123
- 第六节　本章小结 ·········· 126

第七章　区域内政策协同对企业转型升级的影响：招商竞争视角 ·········· 128

- 第一节　土地招商竞争破坏了环境规制效果引发污染转移 ·········· 129

第二节　理论分析与研究假设 …………………………………… 131
第三节　实证策略、数据来源与变量选择 ……………………… 134
第四节　实证结果分析 …………………………………………… 138
第五节　机制解释 ………………………………………………… 144
第六节　拓展分析 ………………………………………………… 147
第七节　本章小结 ………………………………………………… 150

第八章　区域政策协同促进企业转型升级：可用政策工具探索 … 152

第一节　政府采购能否嵌入抑制企业金融化政策功能 ………… 153
第二节　理论分析与研究假设 …………………………………… 155
第三节　研究设计 ………………………………………………… 161
第四节　实证结果分析 …………………………………………… 168
第五节　机制分析 ………………………………………………… 174
第六节　拓展分析 ………………………………………………… 181
第七节　结论与政策启示 ………………………………………… 184

第九章　结论与政策建议 …………………………………………… 186

第一节　主要结论 ………………………………………………… 186
第二节　政策建议 ………………………………………………… 190

参考文献 ……………………………………………………………… 195

第一章

引 言

> 产业转型升级是经济高质量发展的核心任务，企业作为经济发展最关键的微观主体，是产业转型升级的主要承担者。然而，企业转型升级过程极为复杂，仅依靠企业自身力量难以实现，还需要政府政策的支持和推动。但在地方政府促进企业转型升级的过程中，却暴露出一系列顾此失彼的现象，诸如"发达地区环境规制下企业仅转移污染却不转型""落后地区转型政策阻碍环境执法""招商政策破坏环境政策"等。因此，区域政策协同效应，涵盖区域间政策梯度差异以及区域内扶持政策与环境规制的结构性关系，成为解决企业转型升级问题时不容忽视的关键因素。
>
> 本章将从研究的选题背景切入，详细阐述现实背景和理论动态，通过逻辑图呈现研究内容和思路，并对可能的创新点进行说明。

第一节 选题背景与研究意义

一、选题背景

改革开放以来，我国经济快速发展，取得了举世瞩目的成就。然而，在经济高速增长的背后，也面临着经济发展方式粗放、过度依赖资源消耗的问题，资源环境约束带来的负面影响日益凸显，影响了经济的可持续健康发展。因此，经济发展方式的转型升级势在必行。

党的十九大明确指出，我国经济已由高速增长阶段转向高质量发展阶段，而推动经济高质量发展的重点是推动产业转型升级。产业转型升级是关系到中国经济能否保持持续增长并成功跨越"中等收入陷阱"的重要议题。随着需求结构的转变、劳动力成本的上升以及公众环保诉求的增强，产业转型升级的要求愈加迫切。党的十九届五中全会就把"产业基础高级化水平明显提高"列为"十四五"时期经济社会发展的主要目标和任务之一。

对于如何实现产业转型升级，党的十八届五中全会提出了"产业迈向中高端水平"的目标要求。通过"盘活存量"来推动产业转型升级，正是实现这一目标的路径。习近平总书记强调要"一手抓传统产业转型升级，一手抓战略性新兴产业发展壮大"，为推动产业转型升级指明了方向。

这项宏观战略在微观层面上由政府与企业共同推进：政府制定扶持与环境政策，传统企业对是否转型升级以及投资方向做出抉择。企业作为经济发展最重要的微观主体，是产业转型升级的主要承担者。近年来，国内外经济形势发生了巨大变化，我国中小企业在发展中遇到了很多新问题、新挑战，企业应抓住机遇，尽快调整产业结构，推动企业转型升级。因此，研究企业转型升级的驱动机制具有重要的现实意义。

企业转型升级的复杂性决定了仅依靠企业自身力量是难以实现的，还需要政府政策的支持和推动。为了促进企业转型升级，各级政府出台了多项相关政策文件，并投入大量资源推动其发展。当前，产业政策仍然是实现改革目标的主要工具，产业政策如同众多其他政策，由中央政府发起，而地方政府在实施过程中保留一定的自主权。地方政府可在初步试验和全面推广的实践过程中自主决策，也可采取不同的实施计划。毫无疑问，产业政策良好效果的实现需要三个环节的配合：中央政府的全局视角和顶层设计、地方政府的政策细则制定与积极推进落实，以及相关企业政策资源的合理利用。其中，地方政府起到了承上启下的作用，其对产业政策的推进意愿是将产业政策从理念转化为实际动力的关键环节。因此，地方政府如何推动企业转型升级政策实施可能会影响到政策的最终效果。

然而，在地方政府促进企业转型升级过程中，出现了诸如"发达地区环境规制下企业仅转移污染却不转型""落后地区转型政策阻碍环境执法""招商政策破坏环境政策"等顾此失彼的问题。这些问题产生的根源在于，企业转型升级呈现出利益主体多元化、跨区域、跨部门以及政策结构复杂等特征。这意味着，在考察地方政府推动企业转型升级的作用时，需结合激励地方政府决策的制度背景，考虑地方政府间政策差异及部门政策关系。正是因为这些问题的存在，区域政策协同效应成为解决企业转型升级问题的重要突破口。这种协同效应涵盖区域间政策的梯度差异，以及区域内扶持政策与环境规制的结构性关系。

二、理论梳理

以往学术界重点探讨了企业转型升级的模式、路径与影响因素（Tichy，1983；孔伟杰，2012；程虹 等，2016；贺小刚 等，2017）。关于政策影响企业转型升级的机制研究也逐步深入，主要体现在以下两个方面。

一方面，政策因素通过两类机制促进企业转型升级：一是吸引效应，即政府补贴等扶持政策拉动企业转型升级。此类文献主要从政策对企业研发创新、生产率等方面的影响展开（才国伟 等，2015）。二是倒逼机制，即环境规制通过压缩落后企业生存空间，推动企业转型升级。最早由 Michael（1991）提出的波特假说认为，适当的环境管制将推动技术革新。后续文献也主要基于该假说对环境规制的作用予以诠释（涂正革、谌仁俊，2015）。

另一方面，政策因素在促进企业转型升级中的作用也存在制约。区域间政策梯度差异以及区域内政策碎片化，导致政策洼地的形成，使得企业在就地转型升级之外，还可以通过空间迁移延续自身的生存和发展。旨在促进企业转型的政策在执行过程中，发生偏离，异化为企业迁移的推手，如环境规制推动企业外迁至"污染避难所"（Van Dijk and Pellenbarg，2000）、政府补贴吸引企业迁入（Devereux et al.，2007）。尽管产业转移对区域协调发展具有积极作用，但实践中产业转移往往是落后产能和污染的转移，导致政策促进产业转型升级的吸引效应与倒逼机制失效，发展接力演变为污染接力。刘志彪和陈柳（2014）对这类"腾笼换鸟"式转型升级的危害进行了反思。

以上关于政策机制的研究忽视了政策的系统性特征，多是针对单一政策本身对企业行为的影响进行分析，而较少关注政策制定者之间的互动关系以及政策之间的功能冲突与协调。实际上，每项政策实施的效果不仅来源于政策本身的作用，更是多项作用力的综合结果。现实的复杂性使得从更为宏观的视角系统地审视政策之间的协同关系及其造成的影响愈加重要。最早由哈肯（1989）提出的协同理论为这种研究思路提供了理论土壤。Meijers 和 Stead（2004）、Bakvis 和 Brown（2010）等进一步阐释了政策协同的内涵，政策协同的目的是"提高达成共同目标的可能性，减少交叉、重复和冲突，以及确保共同目标不被一个或多个单位的政策妨碍"。Kim（2011）、Matei 和 Dogaru（2013）分析了具体实践中的政策协同效应。周志忍和蒋敏娟（2010，2013）讨论了发达国家政策协同的主要机制，并系统梳理了中国政府跨部门协同机制。刘力和白渭淋（2010）考察了"泛珠三角"区域合作与广东"双转移"政策的协同效应。朱光喜（2015）从政策协同的功能、类型与途径等方面对相关文献进行了梳理。全面评估政策协同结构的合理性及其效应，已成为确保政策目标不偏离的重要考量。

从政策协同效应的视角审视企业转型升级政策是现实要求。首先，不同区域政策间的竞争性日渐凸显，影响企业选择转型还是转移。在财政分权和晋升激励的影响下，政府之间的恶性竞争多于合作，"以邻为壑"的博弈现象普遍存在（周黎安，2004）。地区政府间存在竞相降低引资质量与环境规制执行标准的"逐底竞争"行为（杨其静 等，2014；张华，2016）。这种地方政府间的竞争行为，使得企业除了通过转型升级来谋求发展外，还可以通过空间转移拓展生存空间（罗云辉，2009；唐飞鹏，2016），这无疑对企业转型政策的有效性构成了严峻挑战。其次，区域内政策协同效果存在显著差异，进而影响企业转型升级的时机和速度。由于各部门利益出发点不同，不同部门政策间存在冲突与矛盾，这严重影响了政策的实施效果。目前已有学者针对创新政策、节能减排政策、新兴产业政策中的此类问题展开了研究（彭纪生 等，2008；仲为国 等，2009；张国兴 等，2015；韩超 等，2016）。然而，企业转型升级政策协同的效果却尚未得到关注。例如，引资政策与环境政策的协同结构，能够通过企业调整成本这一因素影响企业何时选择转型。最后，同一政策措施内不同工具的组合效果存在差别，这会对企业转型升级的力度产生影响。

具体而言，本书以政策协同效应为切入点，从对正面行为的促进作用和对负面行为的治理作用两个视角展开研究，基于区域间政策差异形成的"政策梯度"、区域内转型扶持与环境规制政策之间合力效果两个维度，深入考察政策协同对企业选择就地转型升级还是异地转移决策的影响，探索如何有效压缩企业利用政策梯度及政策碎片化漏洞进行污染转移而不是转型升级的获利空间，旨在为促进企业转型升级提供参考，实现污染治理与企业转型升级的双赢格局。

三、研究意义

1. 学术价值

首先，本书构建了系统考察政策协同效应的全面分析框架，从促进正面行为和治理负面行为两个视角分析了政策协同对企业转型升级的影响。通过重新审视各项政策之间的冲突与内在矛盾，对政策梯度差异与碎片化问题进行细致阐述，避免了单一政策分析可能带来的偏误。其次，本书基于数据重构技术和人工关键词提取方法，构建政策量化分析模型，为企业转型升级的政策效应评估提供量化研究框架。这一方法克服了传统政策评价研究依赖逻辑分析、以政策实施结果替代政策本身的局限性。最后，本书厘清了制度合力影响企业行为选择的内在机理，并提供了经验证据。通过探讨政企互动机理，加深了对"中国式"制度背景如何影响企业转型升级的理论认识，从而丰富和拓展了企业转型升级理论的研究广度与深度。

2. 应用价值

首先，考察政策协同效应可为理顺区域政府间、区域内各部门间的关系提供框架性意见，有利于减少政策冲突与内耗，形成政策合力，最大限度地发挥政策效用，有效规避"招商引资政策阻碍环境执法"等顾此失彼的问题。其次，把握政策协同效应影响企业选择的内在机理，有助于优化激励机制，增强政策设计的针对性与有效性。从企业微观激励机制设计入手，确保制度安排符合纳什均衡。最后，探索政策协同的适度实施空间，有助于做好协调工作，构建促进企业转型升级的长效机制，倒逼企业着眼长远发展。这对于选择好政策着力点、配置好政策资源、运用好政策手段具有重要的现实意义。

第二节 研究重点、难点与关键问题

一、研究对象

本书的研究对象为区域政策协同效应影响企业转型升级的机制，具体从以下几方面展开研究：首先，从区域间互动、区域内配合两个维度界定政策协同的内涵，探寻各层面政策协同效应的形成机理，并提出量化测算方法；其次，基于政企互动的视角，考察现行政策对企业投资决策和企业空间自组织行为的影响机理，挖掘政策对企业行为选择的影响路径；最后，在政策效果评估的基础上，进一步探讨政策环境与企业适应性之间的关系，提出针对性的政策建议，为企业转型升级的顺利实现提供制度保障。

二、研究重点、难点

1. 研究重点

首先，深入探索政策协同的量化方法与形成机理。区域政策协同效应的量化方法是本书的核心任务，也是研究设计实现的前提。其次，探究政策协同效应影响企业转型选择的微观机理。本书以中国转型期的典型特征——"政策梯度差异"与"政策碎片化"为前提约束条件，从政企互动视角探讨政策协同效应发挥效用的内在机理。最后，研究提出优化、调整、体系化构建促进企业转型升级政策的体制机制。立足中国经济调整期的现实,在准确把握政策对企业决策影响的微观机理的基础上,着眼于中国产业转型升级的大局,提出利用政策协同效应促进企业转型升级的策略建议。

2. 研究难点

第一,政策协同效应的量化目前缺乏成熟的量化标准可资借鉴,需要参考协同学基本理论,交叉运用多种方法设计量化标准,同时量化中需要运用政策文本分析方法,数据处理较为烦琐,给研究带来了较大挑战。第二,研究涉及面广,对跨学科运用能力要求较高。本书研究涉及产业组织理论、新政治经济学、企业投资理论等众多学科前沿领域,需要参阅大量文献资料,这是研究中需要突破的主要难点。

三、需要解决的关键问题

本书的核心目标在于提出借助政策协同效应促进企业转型升级的策略建议,力求有效压缩企业利用"政策梯度"和"政策碎片化"漏洞,选择污染转移而非转型升级来获取利益的空间。为实现这一目标,需要着力解决以下关键问题:

(1) 借鉴协同学基本理论,定量测算区域政策的协同程度,理顺政策间关系,促进各项政策间的功能耦合。为解决政策冲突与内耗提供技术支撑。

(2) 深入刻画企业"转型还是转移"的两难抉择,探索政策协同效应影响企业选择的内在机理。识别企业转型升级的主要驱动因素,助力政府规划产业发展的配套政策设计,提升政策执行效能。

(3) 构建实证分析模型,探讨政策协同效应对企业转型的影响。提出抑制企业污染转移与过度金融化的干预策略,拓展转型经济制度情境下的企业决策理论。

第三节 研究思路与方法

一、研究思路

本书以企业转型升级面临的困境为研究背景,针对当前政策引导企业转型升级时出现的"只进行污染转移而不转型"问题进行深入研究,从政策协同效应的视角切入,在对其量化的基础上,重点探究政策协同效应影响企业转型升级的机制,破除制约企业转型升级的体制性障碍,提出借助政策协同效应推动企业转型升级机制创新的目标与具体措施,为科学决策提供理论支撑与政策思路。

二、研究方法

(1)数理分析。借鉴 Grossman 和 Helpman(1994)、王孝松等(2011)提出的"保护待售"(protection for sale)模型建立政企互动博弈模型,刻画产业政策制定过程中政府与企业之间的互动模式。通过对模型设定的重新诠释与解读,在地方政府既考虑政绩压力又考虑辖区整体福利的目标下,分析战略性新兴产业政策产出的过程。

(2)计量分析。利用面板数据模型等方法检验区域政策协同对于企业选择的影响;利用双重差分模型检验政策协同治理对企业异地转移的影响,检验土地储备制度和土地保障政策两种具有不同导向的招商政策对治污效果的负面效应;采用 IV、PSM、Heckman 等模型对实证结论进行稳健性检验。

(3)知识图谱分析。采用 CiteSpace 文献计量工具绘制知识图谱,旨在深入探索国内外企业转型升级领域的研究现状,并就相关热点问题进行探讨。

(4)文本分析。综合运用 Stata、Python 等统计分析软件,利用爬虫及文本分析技术,在区域政策文件文本挖掘的基础上,量化区域政策协同程度,为政策分析提供定量支持。

本书的研究方法如图 1-1 所示。

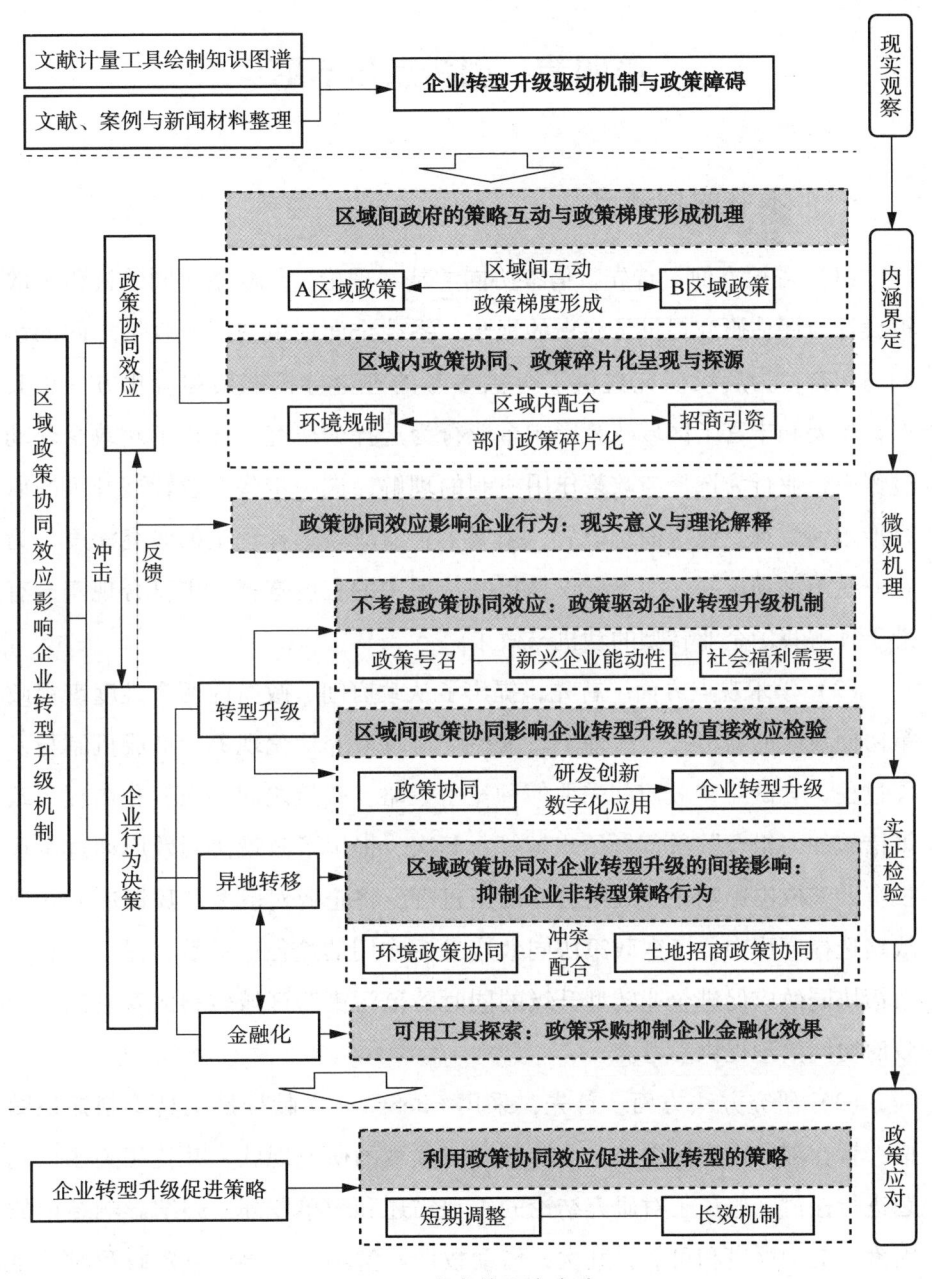

图 1-1 本书的研究方法

第四节 创新点与不足

一、本书的创新点

（1）理论方面。首先，借鉴协同学基本理论，从政策协同的视角为政策设计与评估研究提供了崭新的视角，系统全面地审视区域政策之间的协调与配合，为后续研究提供了可供参考的理论分析框架和量化方法；其次，拓展和丰富了区域政策影响企业行为选择的研究，深化了对政企互动过程中企业行为选择与政策作用机制的理解，进一步将产业转型升级的研究推进到微观企业层面；最后，拓展了企业战略选择理论的研究深度，为企业赋予多项选择，而不仅仅是单一选项中的程度选择，更符合现实，有助于理解我国企业转型的动机与效果。

（2）学术观点方面。首先，提出了从政府间、政府内两个维度审视政策协同效应的新范式，梳理了政策梯度与政策碎片化现象的形成机制与发展过程，尝试对"政府间采取何种竞争策略、政策之间如何避免内耗、政策措施如何组合"等问题给出解答；其次，提出了政策协同效应通过企业投资调整成本影响企业战略选择的新机理，将企业对政策的反馈嵌入企业战略选择模型中，考察政策协同效应发挥作用的途径；最后，提出了利用政策协同效应促进企业转型升级的同时防范污染跨区域转移的新机制，为政府协同治理提供参考。

（3）研究方法方面。首先，采用 CiteSpace 文献计量工具绘制知识图谱，旨在深入探索国内外企业转型升级领域的研究现状，并就相关热点问题进行探讨，避免了对研究结论的主观描述和简单罗列，归纳影响结论的因素，更为严谨和可靠；其次，借助数理模型刻画并再现制定政策时政企互动博弈过程，较之于以往采用案例研究的方法，通过数理模型刻画并再现制定政策时政企互动博弈过程，更能体现研究结果的普遍性和直观性；最后，从政策文本提取信息，对区域政策协同程度进行衡量，克服了传统政策评价研究以政策实施结果代理政策本身的弊端。

二、本书的不足之处

（1）本书基于研究的可操作性和数据的完整性，实证检验选取的样本都是上市公司的数据，研究了环境规制、招商政策等区域间的差异与区域内配合对上市公司异地迁移的影响，但是上市公司属于比较优质的企业，是各地争相抢夺的优质资源，并不能反映行业的整体情况，这也限制了研究结论的外推和更大范围的适用性。未来，可以使用实地调研数据和中国工业企业数据等样本分布更合理、样本量更大的数据来进行实证检验，增强研究结论的可靠性。

（2）本书涉及的政策有三类：环境规制政策、土地招商政策、政府采购政策。用环境规制政策代表推动企业转型升级的政策，用土地招商政策代表吸引企业转型升级的政策，用政府采购政策代表配合解决企业策略行为的其他工具。尽管这些政策极具代表性，但仍然难以避免各类政策之间的差异，本书并没有对这些政策进行细化分析。未来，可以继续深入分析各类政策之间的差异，为政策制定提供更精细的实证参考。此外，还有一些政策因时间、精力限制未能纳入分析，如人才政策。人才流失问题是调研过程中许多企业反映的突出问题。地方政府可否从现有的人才引进政策、人才鼓励政策及特殊行业紧缺人才政策等方面进行完善，科学合理设计人才政策，协助企业留住人才，促进企业转型升级。

（3）受新冠疫情影响，实地调研受到很大限制，未能对企业实际案例进行深入分析。未来，条件允许时，应深入企业进行实地调研，以获取更多一手资料。

第二章

企业转型升级驱动机制：作用路径与政策障碍

深入探究当下企业转型升级的驱动机制对于我国经济顺利度过转型期并实现高质量发展具有重要意义。本章在系统梳理企业转型升级的概念界定与特征刻画的基础上，以中国知网（China National Knowledge Infrastructure，CNKI）期刊数据库和科学引文数据库（Web of Science，WoS）核心合集中 2013—2021 年企业转型升级研究论文为对象，采用 CiteSpace 文献计量工具绘制知识图谱，旨在深入剖析国内外企业转型升级领域的研究现状，并就相关热点问题展开探讨。首先，分别从基于全球价值链视角的资源转移、企业创新、双元网络嵌入和政策研究四个方面，探究企业转型升级领域的前沿问题；其次，从政府优惠政策、环境规制政策、经营环境三个维度，剖析企业转型升级的驱动机制和作用路径，为后续章节的分析奠定理论基础；最后，在文献资料与新闻案例等素材的基础上，深入企业调研，切实了解企业转型升级面临的困难与政策障碍，提炼驱动中国企业转型升级的关键要素，为后续研究提供现实需求依据。

第一节 企业转型升级的概念界定与衡量

企业作为经济发展最重要的微观主体，是经济转型升级的主要承担者。近年来，国内外经济形势发生了巨大变化，我国中小企业在发展中遇到了很多新问题、新挑战,企业应抓住机遇,尽快调整产业结构,推动企业转型升级。因此,研究企业转型升级的影响因素、政策作用具有非常重要的现实意义。下面从厘清企业转型升级的内涵入手。

一、概念界定

企业转型升级目前尚未有统一且明确的定义,通常可以从转型与升级两个维度进行解析。转型是指改变企业的行业或发展模式,升级是指进一步优化企业的产业结构,企业转型升级可以增强企业的市场竞争力,为企业注入新的发展动力。目前,已有许多优秀企业完成了转型升级,它们借鉴现有的成功经验并结合本企业的实际情况,构建了适配自身发展需求的转型升级路径,显著提升了企业的行业竞争力。这些企业的成功,也证实了国内外企业转型升级的巨大空间。

首先,企业转型大致可以从两个方向进行区分:企业跨行业转型和企业发展模式转型(吴家曦、李华燊,2009)。企业跨行业转型,指企业突破原有产业边界,进入新的业务领域。典型类型就是企业多元化转型和延伸式转移,将现有核心竞争力和业务能力进行协同整合,实现单一业务向多元业务、同一行业向不同行业的战略拓展。企业发展模式转型,即企业以缓解外部压力、提高内部经营效率或抢占市场份额为目的的企业内部管理发展模式方面的转型。在时代潮流下,越来越多的企业意识到自主品牌效应的重要性,更多关注如何通过营销推广快速占据市场、争夺消费者。其次,企业升级是指企业通过提升技术水平和改善市场的方式增强了自身的核心竞争力,进而实现了企业摆脱劳动密集型生产方式、升级进入利润更高的资本和技术密集型经济领域的目标。企业的升级优化可理解为企业通过技术创新与资源整合实现产业链和价值链的提升(Gereffi,1999)。综上所述,企业转型升级是涉及多方面因素的从低技术水平、低社会价值状态转变为高核心竞争力和高社会价值状态的系统性变革过程。而在此过程中,企业自主创新能力或许是企业转型升级不可或缺的关键性因素(金碚,2011)。

中国经济的快速发展促使生态环境问题愈加严峻、备受关注。党的十九大报告首次提出,必须践行"绿水青山就是金山银山"的理念,这也为新时代生态文明建设提供了准则,促使绿色转型成为企业转型升级最为重要的一个分支方向。中国社会科学院工业经济研究所课题组和李平(2011)指出,绿色转型是工业迈向"能源资源利用集约化、污染物排放减少、环境影响降低、劳动生产率提高、可持续发展能力增强"的过程,企业绿色转型是从传统模式转向环境友好发展模式,以追求环境效益和经济效益间的协调统一。万攀兵等(2021)基于这一观点,认为企业绿色转型升级可以从减排和增效两个维度进行分析,并对能否通过减少污染排放和提升生产率推动企业绿色转型升级展开研究。因此,如何在推动经济高质量发展的同时激励企业绿色创新、助力企业绿色转型升级,是目前亟须考量的热门问题。

国内外现有关于企业转型升级的文献研究大致从以下三个方面展开:一是探讨企业转型升级的模式,包括商业模式和运营模式。作为企业转型升级的核心要素,商业模式和运营模式的优化升级是企业转型的落脚点(许正,2010)。Bibeault(1998)研究发现,企业转型升级可分为管理模式转型、运营模式转型、适应外部生存环境转型、自主创新产品转型及政策关联转型。二是探讨企业转型升级的影响因素。目前达成共识的是,技术创新是企业转型升级最关键的动力。既有文献将技术创新视为促进企业转型升级的直接因素,又有文献将其视为促进企业转型升级的间接因素。除了技术创新,影响企业转型升级的因素还有:企业规模(孔伟杰,2012)、环境规制压力(吕鹏和黄送钦,2021)、降低税负(黄纪强,2022)、信息基础设施建设(钞小静、薛志欣,2022)以及集聚效应和出口(张杰 等,2007)等。三是探讨企业转型升级的中介机制。尚涛和陶建宏(2018)研究发现,为消除代工企业转型障碍,需从知识搜寻方法、组织结构等维度平衡内部矛盾和外部制约。Gereffi(1999)认为,在全球价值链形成背景下,东亚服装生产企业会完成从委托组装到建立自主品牌的转型升级。

相较于现有研究,本章的边际贡献体现在以下两个方面:一方面,由于国内外对于企业转型升级的研究较为完善,分析其研究现状和热点前沿或许能使企业转型升级的研究过程更为清晰，通过检索2013—2021年在CNKI期刊数据库和WoS核心合集中发表的关于企业转型升级的研究论文，采用CiteSpace文献计量工具绘制知识图谱，探讨企业转型升级领域的发展趋势，为后续研究提供理论依据。另一方面，在对现有研究和发展趋势进行分析后，探讨了以政府优惠政策、环境规制政策为主，能够驱动企业转型升级的政策因素的作用路径。

二、衡量方式

上文提及了企业自主创新能力是企业转型升级的核心要素，因此现有文献中存在以企业创新能力作为企业转型升级代理变量的研究。企业转型升级是指企业通过转变发展模式、提升技术水平或改善市场地位实现生产效率、组织管理和价值链等全面系统提升的过程，同时是从低技术水平、低附加值转变为高技术水平、高附加值的过程（赵昌文、许召元，2013；Poon，2004）。企业转型升级可进一步划分为企业内部转型升级和企业外部转型升级，生产效率和组织管理的提升属于企业内部转型升级，企业价值链的提升属于企业外部转型升级。具体地，企业生产效率的刻画大多使用全要素生产率衡量（任胜钢 等，2019；李永友、严岑，2018），而现有测量全要素生产率的方法包括代数指数法、潜在产出法和半参数法等。由于代数指数法受到极大的制约，而潜在产出法测算复杂且内生性问题严重，本章参考鲁晓东和连玉君（2012）的做法，使用Olley-Pakes（OP）法、Levinsohn-Petrin（LP）法计算全要素生产率（Total Factor Productivity，TFP）。

第二节 企业转型升级的研究现状、热点与趋势

企业转型升级是国内外新兴经济体企业的重大实践，分析其研究现状与热点前沿有助于研究者探讨该领域的发展趋势，为后续研究提供理论依据。本部分以CNKI期刊数据库和WoS核心合集中2013—2021年企业转型

升级研究论文为对象,采用 CiteSpace 文献计量工具绘制知识图谱,从年发文量、关键词、聚类与时序图、突现词、作者和机构等方面进行可视化分析,总结其研究特点与发展趋势。本章旨在深入探索国内外企业转型升级领域的研究现状,并就相关热点问题进行探讨,分别从基于全球价值链视角的资源转移、企业创新、双元网络嵌入和政策研究四个方面研究企业转型升级领域的前沿问题。

一、CiteSpace 分析方法与数据来源

CiteSpace 是由美国学者陈超美(Chaomei Chen)开发的文献计量分析工具,基于 Java 平台构建。研究者通过使用该软件可以对文献进行共被引分析、关键词共现分析、关键词突现分析等,以此来探索该研究领域的现状、研究热点、核心作者、核心机构等问题,可以将该领域文献的关系直观地展现在图谱上。

1. 数据检索策略

研究数据来自 CNKI 期刊数据库与 WoS 核心合集。

2. 国内文献检索

在 CNKI 专业检索中,采用"KY = 企业转型 OR KY = 企业升级 OR KY = 企业转型升级"组合检索式,限定来源类别为中文社会科学引文索引(CSSCI)期刊,文献类型为学术论文。

3. 国外文献检索

在 WoS 高级检索中,以标题字段(TI)为检索范围,构建如下检索式:

TI = (ENTERPRISE OR FIRM OR ORGANIZATION OR CORPORATE OR COMPANY * OR BUSINESS) AND TI = (TRANSFORM *)

TI = (ENTERPRISE OR FIRM OR ORGANIZATION OR CORPORATE OR COMPANY * OR BUSINESS) AND TI = (UPGRAD *)

TI = (ENTERPRISE OR FIRM OR ORGANIZATION OR CORPORATE OR COMPANY * OR BUSINESS) AND TI = (TRANSFORM *) AND TI = (UPGRAD *)

同时，限定来源类别为社会科学引文索引（SSCI），文献类型为 ARTICLE，学科类别为 BUSINESS，MANAGEMENT，ECONOMICS。

4. 数据筛选与处理

通过 ENDNOTE X9 进行文献去重，首先合并 CNKI 与 WoS 导出文献，再通过标题、作者、期刊三重匹配规则删除重复记录，最终保留 2013—2021 年的有效文献。经筛选，国内有效文献 242 篇，国外有效文献 325 篇。

二、研究现状分析：发文量与作者分布

1. 发文量统计分析

基于 CNKI 专业检索，共导出企业转型文献 77 篇、企业升级文献 40 篇、企业转型升级文献 127 篇；通过对 WoS 进行高级检索，导出企业转型文献 284 篇、企业升级文献 43 篇、企业转型升级文献 2 篇。国内研究者更侧重将企业转型与企业升级结合在一起进行研究，同时对企业转型和企业升级进行区别分析；国外研究者鲜有研究企业"转型"与"升级"两者结合的问题，直到 2020 年才有文献首次提出 Transformation and Upgrading 概念，但其更重视企业转型研究。

2013—2021 年 CNKI 和 WoS 年发文量统计情况如图 2-1 所示。可以看出，2013—2018 年国内外发文量都较少，且国内研究该问题的论文数量略高于国外。CNKI 年发文量一直处于波动式下降状态；WoS 文献发表数量从 2018 年开始出现转折，超过 CNKI 发文数量，且 WoS 文献数量呈快速上升态势，此后差距进一步拉大。通过对以上信息进行分析可知，2018 年之前国内研究者更重视对企业转型升级领域的研究，年发文数量连续 5 年超过国外研究者，中国企业在此期间迅速发展，完成了企业自身的转型升级、提高了行业整体竞争力。2018 年中美贸易争端爆发，中国企业的发展势头威胁到国外企业的经济利益，国外研究者意识到企业转型升级的必要性和迫切性，开始加快、加深对该领域的研究以寻求破解之道，这就导致 2018 年之后国外对企业转型升级研究的发文量激增。

2. 作者和研究机构分析

文献被引频次在一定程度上可以反映研究者的研究能力和学术水平。

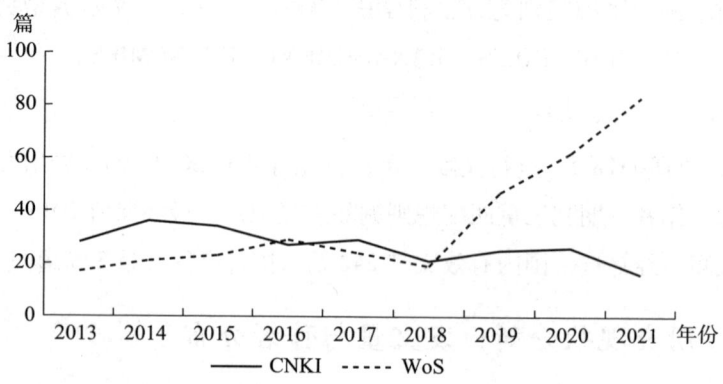

图 2-1　2013—2021 年 CNKI 和 WoS 年发文量统计情况

首先是 CNKI 中作者和研究机构分析（见表 2-1）。表 2-1 所列为企业转型升级研究被引频次在 3 次及以上的核心作者名单，以及被引频次排名前 5 的机构名单。文献被引频次最多的是毛蕴诗，被引频次为 7 次；其次是郭东强，被引频次为 5 次；刘富先、余建平和刘海建被引频次均为 3 次。

表 2-1　CNKI 作者和机构被引频次

单位：次

排名	发文作者	被引频次	排名	机构名称	被引频次
1	毛蕴诗	7	1	华侨大学工商管理学院	7
2	郭东强	5	2	中山大学管理学院	7
3	刘富先	3	3	南京大学商学院	3
4	余建平	3	4	暨南大学管理学院	3
5	刘海建	3	5	广东工业大学管理学院	2

近几年，在国内现有文献中，企业转型升级领域以毛蕴诗和余建平所在团队为主。但在机构共现网络知识图谱中各机构间的连线数量为 0，说明各机构间并无明显关联。

其次是 WoS 中作者和研究机构分析（见表 2-2）。由表 2-2 可以看出，VINIT PARIDA、MARC SOLGA、JOCHEN GURT、CANFEI HE 和 STEFANO BRESCIANI 的被引频次位列前 5，但文献被引频次最多只有 4 次且是第 2 名的两倍，继续研究作者共被引网络探索企业转型升级领域有影响力的其他学者，如 MARC SOLGA、JOCHEN GURT、CANFEI HE 和 STEFANO BRESCIANI 均被引用 2 次。在被引频次位列前 5 的研究机构中，Univ Vaasa 以被引 5 次的频率位列第 1；Shanghai Jiao Tong Univ、Copenhagen Business Sch、Lulea Univ Technol 均被引用 4 次，并列第 2；China Univ Min & Technol 以 3 次的被引频次位居第 5。

表 2-2 WoS 作者和机构被引频次   单位：次

排名	发文作者	被引频次	排名	机构名称	被引频次
1	VINIT PARIDA	4	1	Univ Vaasa	5
2	MARC SOLGA	2	2	Shanghai Jiao Tong Univ	4
3	JOCHEN GURT	2	3	Copenhagen Business Sch	4
4	CANFEI HE	2	4	Lulea Univ Technol	4
5	STEFANO BRESCIANI	2	5	China Univ Min & Technol	3

利用 CiteSpace 软件构建国外文献的作者共现网络，我们发现研究者之间的节点连线较少，相互之间的关系不够密切，紧密的合作网络尚待形成。目前，仅存在以 VINIT PARIDA 为中心的局部作者共被引网络。利用 CiteSpace 软件构建机构共现网络，我们发现机构间的连线集中于 Univ Vaasa、Shanghai Jiao Tong Univ、Copenhagen Business Sch 所在的局部网络，该范围内的机构密切合作，但更大范围的合作网络还有待形成。通过对国内外企业转型升级领域的作者和机构合作分析对比发现，国内与国外已初步构建了企业转型升级领域的作者和机构合作网络。

三、研究热点分析：关键词与时序图分析

（一）关键词分析

1. 关键词共现分析

关键词共现指在特定研究领域内，不同关键词在同一文献中呈现的关联性。当两个关键词在多篇文献中共同出现的频次越高，表明其关联性越强。通过统计关键词共现频率，可构建反映研究主题网络关系的共现

图谱。

(1) CNKI 关键词共现分析。

核心关键词有"转型升级"(69次)、"企业转型"(46次)、"企业升级"(28次)。这3个关键词的出现频次显著高于其他关键词,其节点直径较大,构成该领域的核心研究主题,并作为枢纽节点连接周边关键词。

次级关键词有"制造企业"和"产业集群"(各6次),"企业""民营企业""知识转移""中小企业""动态能力"(各5次),以及"企业创新""制造业""制度创新""传统企业""台资企业""转型""技术创新"(各4次)。这些关键词虽频次较低,但与核心关键词共同形成研究热点主题。

核心关键词与次级关键词通过共现网络形成紧密关联,反映出企业转型升级领域的三大研究聚焦点:转型路径,涵盖战略调整、制度创新与动态能力构建;产业生态,聚焦制造业集群、中小企业协同发展;创新驱动,强调技术创新与知识转移机制。

(2) WoS 关键词共现图谱分析。

在 WoS 关键词共现图谱中,高频关键词 performance(绩效评估,59次)、innovation(创新驱动,48次)、management(管理优化,41次)是国外研究者关注的核心领域,体现了对企业转型升级中绩效评估、创新驱动和管理优化的高度聚焦。次级关键词 strategy(战略柔性,30次)、technology(技术适配,27次)、impact(影响评估,26次)则反映出对战略制定、技术应用及转型影响评估的辅助研究方向。

共现图谱显示节点之间联系紧密,表明国外研究多围绕"绩效—创新—管理"三角框架展开,三者相互交织形成研究网络。例如,"performance"与"innovation"探讨创新对企业绩效的影响机制;"management"与"strategy"分析战略管理在转型中的作用。

与国内研究聚焦"转型升级路径"不同,国外更关注企业转型中的动态效能评估(performance)、创新可持续性(innovation)及管理方法论(management),凸显其对过程优化和实证效果的重视。

2. 关键词突现分析

随着经济的快速发展，企业转型升级领域的前沿问题也在不断更新。通过关键词突现分析，可以掌握该领域的研究前沿，并识别影响力较大的研究热点，从而为企业转型升级领域的研究指明方向。本书运用 CiteSpace 软件构建关键词突现图，将突现时间的最小单位设置为 2 年，共得到 16 个突现词。

（1）CNKI 关键词突现分析。通过对企业转型升级领域的国内相关文献进行关键词突现分析，得到关键词突现图。从突现词的影响周期来看，"制度创新"和"台资企业"的影响周期为 4 年，"转型""动态能力"和"产业政策"的影响周期为 3 年，其余均为 2 年。其中，按照突现度的大小排序，位于前 10 的突现词依次为：知识转移、产业集群、台资企业、企业转型、微笑曲线、动态能力、转型、民营企业、制度创新和技术创新。按照关键词突现的起始时间排序，自 2018 年以来，企业转型升级领域的研究者将台资企业、民营企业、战略转型和产业政策作为研究前沿。从突现时间和关键词的含义来看，企业转型升级的研究前沿问题与国家经济政策的制定和实施密切相关，具有明显的政策导向性。

（2）WoS 关键词突现分析。本书运用 CiteSpace 软件对 WoS 文献进行关键词突现检测，识别 2013—2021 年国际研究前沿动态。按突现强度（BURST STRENGTH）排序，前 10 位突现词依次为：决定因素（determinant）、所有权结构（ownership）、动态机制（dynamics）、转型路径（transition）、理论模型（model）、交易型领导力（transactional leadership）、企业主体（firm）、魅力型领导力（charismatic leadership）、转型后果（consequence）及调节作用（moderating role）。按时序演进特征可分为短期热点聚焦（2019—2021 年）：知识经济（knowledge）与产业重构（industry）成为新兴研究焦点；持续性主题：经济转型（economy）、路径依赖（transition）、网络嵌入性（embeddedness）及魅力型领导力（charismatic leadership）突现周期最长（持续≥4 年），表明企业转型的系统性、社会资本积累与领导力范式构成长期核心议题。

对比国内外文献的关键词突现图可以发现，国外文献的关键词突现值明显高于国内文献,这说明国外研究者在企业转型升级领域的研究更为成熟,突现词的影响力更大。基于这一现状,国内研究者在研究企业转型升级问题时,可以参考国外相关文献,借鉴其热点和方法,以推动国内研究和进一步发展。

3. 关键词聚类分析

本章为更直观、高效地提炼企业转型升级领域的热点问题,在构建关键词共现图谱的基础上,使用 LLR 对数似然比算法进行聚类分析,分别得出 WoS(国际)和 CNKI(国内)的关键词聚类标签结果。聚类分析揭示了文献关联程度及该领域热点问题。由表 2-3 和表 2-4 可知,国内外聚类标签呈现"横向重叠+纵向交叉"现象,表明国内外研究者的研究内容和研究方向存在一定差异,但也在探索相同的方向。为了深入了解企业转型升级领域的研究现状,本章基于聚类标签和相对应的文献内容,对国内外企业转型升级领域的热点主题进行了归纳总结,并做了进一步分析。

(1) CNKI 关键词聚类分析。对国内企业转型升级领域的文献进行聚类分析,共形成 10 个聚类,从 CNKI 关键词聚类(见表 2-3)可以看出聚类标签及其对应的平均时间。从内容维度来看,研究热点按热度递减依次为转型升级、企业转型与升级、企业管理、国有企业、制造企业、吸收能力、商业创新和再工业化等。其中,排序前 3 的聚类标签内部结构高度相似,且时间集中在 2016 年和 2017 年,三者都包含核心词"转型升级",只是研究的侧重点不同。从时间维度来看,聚类集中出现的时间为 2013—2019 年(与文献起始时间 2013 年吻合),这说明在 2019 年之前一直是国内企业转型升级研究领域的热点爆发期。而 2019 年以后并没有形成明显聚类,研究比较分散,这说明 2020 年和 2021 年国内学者对该领域的研究明显减少。此外,本章对有效聚类中提取的关键词进行深入分析,2013 年(平均时间,下同)是升级、转型、溢出效应、关系互动、加工贸易等;2014 年是再工业化、人口红利、股权结构等;2016 年是转型升级、台资企业、影响因素、知识转移、收入分配,企业管理、创业企业、战略转型、制造企业、商业模式、技术能力,以及商业创新、新零售、"互联网+"等;2017 年是企业升级、集群升级、国有企业、中国制造 2025、"一带一路"等；2019年是吸收能力、双元网络嵌入、功能升级、产品升级、流程升级等。可以大致看出国内企业转型升级的研究热点呈现出从企业内部经营管理到宏观企业发展战略再到企业现代化创新与升级的转变脉络。2019年聚类数目较前几年有所减少，而最近几年没有形成新的聚类，说明国内研究热点已趋向分散。

表 2-3　CNKI 关键词聚类

序号	年份	关键词
0	2016	转型升级、企业转型、台资企业、企业升级、影响因素
1	2016	企业转型、转型升级、知识转移、企业升级、收入分配
2	2017	企业升级、集群升级、企业创新、企业转型、转型升级
3	2016	企业管理、动态能力、odm 高级阶段、创业企业、战略转型
4	2013	升级、转型、溢出效应、关系互动、加工贸易
5	2017	国有企业、中国制造2025、双重差分、制造业、"一带一路"
6	2016	制造企业、商业模式、惯例、技术能力、数据包络法
8	2019	吸收能力、双元网络嵌入、功能升级、产品升级、流程升级
9	2016	商业创新、新零售、"互联网+"、转型路径、转型升级
10	2014	再工业化、人口红利、股权结构、国有装备制造业、转型升级

（2）WoS 关键词聚类分析。对国外企业转型升级领域的文献进行聚类分析，共形成12个聚类，从 WoS 关键词聚类（见表2-4）可以看出聚类标签及其出现的平均时间。从内容角度分析，企业转型升级的研究热点问题是气候变化（climate change）、重大挑战（grand challenges）、数字化转型（digital transformation）、组织认同（organizational identification）、分解分析（decomposition analysis）、领导力（leadership）、生态系统（ecosystems）、战略规划（strategic planning）、社区社会企业（community-based social enterprise）、产品服务系统（product service system）、发展中国家（developing countries）和数字行动主义（digital activism）。国外学者对该领域的研究热度集中在2014—2018年，在2014年之前以及2018年以后，国外学者对企业转型升级领域的研究并未形成明显聚类，研究比较分散。本章对有效聚类中提取的聚类关键词进行深入分析，聚类标签0、聚类标签2和聚类标

签 3 的内部结构都包含关键词 transformational leadership，只是各自研究的侧重点不同。聚类标签 0 和聚类标签 3 出现的时间均为 2016 年，两者的侧重点分别为气候变革和企业组织识别；聚类标签 2 出现的平均时间为 2018 年，侧重点为数字化转型。此外，对聚类关键词进行进一步分析，可以发现 2014 年（平均时间，下同）该领域的研究集中于新兴经济市场和企业创业；2015 年研究者更加关注企业战略发展和企业投资；2016 年研究热点是气候与各产业转型升级之间的关系；2017 年研究方向开始侧重企业内部管理和外部市场环境；2018 年国外企业转型升级研究热点转变为数字化和系统化。

表 2-4　WoS 关键词聚类

序号	年份	关键词
0	2016	climate change、transformational leadership、dynamics、dea、organizational inertia
1	2018	grand challenges、quality management、asymmetrical power markets、sales transformation、rigid resources
2	2018	digital transformation、digitalization、value creation、transformational leadership、artificial intelligence
3	2016	organizational identification、transformational leadership、leadership styles、project governance、vietnam
4	2017	decomposition analysis、overtaking、wage premium、respect、cooperative and competitive approaches to conflict
5	2014	leadership、corporate entrepreneurship、emerging markets、learning、market orientation
6	2015	ecosystems、investment、economy、values-based governance
7	2016	strategic planning、research organizations、graphic analysis、gpn、vision
8	2016	community-based social enterprise、chinese private-owned enterprises、technology transfer、decision satisfaction、decision making methods
9	2018	product service system、digital technology usage、learning mechanisms、literature review、catching-up
10	2018	developing countries、governmental support、branding、environmental upgrading、tensions
11	2016	digital activism、societal change、collaboration、networks and communities、case study

（二）时序图分析

本章基于关键词词频和突现的时间变化，探索企业转型升级领域主题演进方向。实际操作中，依据高频与突现度高的关键词绘制时间图谱，结合图谱中词频变化及关键词突现程度，分析该领域发展现状、演化过程，并预测未来研究趋势。在关键词共现分析基础上绘制 TIMEZONE 时间图谱，数据涵盖 2013—2021 年，以一年为分割，2013 年及以前首次出现的关键词节点聚集，之后首次出现的关键词节点按对应年份聚集，时间顺序为 2013—2021 年。

国内对企业转型升级领域的研究可划分为三个阶段：第一阶段（2013—2017 年），发文量 154 篇，占比 63.6%，年均 31 篇，研究内容广泛，主要关注企业转型、转型升级、企业升级、动态能力、企业管理和商业生态等问题，为企业转型升级领域的研究奠定了基础。第二阶段（2018—2019 年），发文量 46 篇，占比 19%，年均 23 篇，研究范围微观化、多元化，出现企业创新、台资企业、企业绩效、信息系统、战略管理等新节点，研究重点转向企业内部改革、创新及经济政策。第三阶段（2020—2021 年），发文量 42 篇，占比 17.4%，年均 21 篇，研究重点是数字技术和数字红利，同时兼顾企业搬迁和工资，将企业转型升级与大数据和企业内部管理等新节点相结合。

国外对企业转型升级领域的研究同样分为三个阶段：第一阶段（2013—2015 年），发文量 61 篇，占比 18.8%，年均约 20 篇，主要关注 INNOVATION、MANAGEMENT、ABSORPTIVE CAPACITY、PERFORMANCE、STRATEGY 等关键词，围绕企业经营管理展开。第二阶段（2016—2018 年），发文量 72 篇，占比 22.2%，年均 24 篇，研究范围转向研发与创新，出现 IMPACT、MODERATING ROLE、CHALLENGE、AMBIDEXTERITY 等新关键词。第三阶段（2019—2021 年），发文量 192 篇，占比 59.0%，年均约 64 篇，研究热点集中在 IMPLEMENTATION、COMMODITY CHAIN、BIG DATA、ARTIFICIAL INTELLIGENCE 等，关注全球价值链和大数据，重视中小企业在市场经济中的地位，将企业转型升级与经济全球化和信息化相结合。

四、研究趋势分析：前沿主题与未来展望

1. 前沿主题

（1）基于全球价值链视角的资源转移。现有文献仅考虑了全球价值链和资源转移分别对企业转型升级的重要性，未将二者结合起来进行分析。全球价值链是跨国生产活动，涉及从原料采购和运输、半成品和成品的生产和分销，直至最终消费和回收处理的整个过程。拥有先进生产技术的企业处于价值链的上游，掌握具有高附加值的研发和销售环节；而大部分中小企业并未掌握核心技术，处于价值链的下游，通过参与产品的低成本制造加入全球价值链。企业需要依靠知识资源转移来提高其在全球价值链的位置，通过转型升级实现从全球价值链下游向上游的突破。

企业实现突破需依赖三类资源转移：资本积累转移、人力资源转移（王一鸣 等，2005）和知识资源转移（翁春颖、韩明华，2015）。

成功实现转型升级的企业需要良好的资金资源，加大企业研发和创新等的投入力度，以充足的资金推动企业转型升级，此为资本积累转移。人力资源转移是企业转型升级的关键因素，企业需重视人才引进，培养技术和管理人才，通过创建人才输送渠道实现价值链升级。在知识经济时代，知识资源转移已成为企业转型升级的重要影响因素。总之，企业实现全球价值链的资源转移需兼顾资本积累转移、人力资源转移和知识资源转移，通过提高企业研发能力、创新水平和管理效能推动企业实现转型升级。

（2）转型升级的创新研究。近年来，企业生存和发展的外部环境发生了巨大变化，为破解发展难题，企业必须树立创新发展理念，将转型升级的重心转移到技术驱动的发展路径上来，构建双轨创新驱动模式（研发创新和非研发创新），两者优势互补，共同推动企业的创新发展。

研发创新是指企业通过提升技术水平和突破技术瓶颈研发新产品；非研发创新是指企业通过提高员工素质、整合外部资源、优化组织结构，为研发创新提供互补性资源。研发创新需聚焦核心技术突破，要依靠科技创新投入，提高产品技术复杂度，增强市场竞争力，该创新方式可以有效解

决企业的转型升级问题，但对投入的资金和技术要求较高，仅适用于具有一定规模的大型企业。非研发创新是中小企业的主要创新方式，如设计创新、服务创新、组织创新等，企业在现有的知识和产业规模基础上通过吸收外部知识、整合互补性资源、优化组织结构和提高员工素质等低投入路径，实现渐进式创新。两类创新模式具有互补性：研发创新为转型升级提供技术根基，非研发创新则通过优化资源配置降低转型摩擦成本。企业应根据自身规模与行业特性，动态调配两类创新投入比重。

（3）转型升级的双元网络嵌入研究。双元网络嵌入是指市场网络和制度网络对企业转型升级共同起作用（毛蕴诗、刘富先，2019）。一方面，企业需要与市场网络主体如消费者、行业竞争者、供应商等发生业务联系，以此来获取经济利益；另一方面，企业需要和制度网络主体如政府部门、高校、产业协会等建立联系，以此来获取资源支持（双元网络嵌入与企业升级：吸收能力的调节作用）。市场网络嵌入有助于企业实现创新和产品升级。企业加强与消费者之间的联系有助于提高企业的创新能力，充分了解消费者的需求，根据市场反馈信息研发新产品；企业加强与行业竞争者之间的联系有助于产生协同效应，企业间共享技术和知识，共同实现企业转型升级的目标；企业加强与供应商之间的联系有助于企业获取专业知识、解决技术问题，通过学习供应商的专业知识实现产品升级。制度网络嵌入有助于企业实现功能升级。政府部门、高校与产业协会虽然无法为企业提供大量的物质资源和资金，但可以提供稀缺资源、前沿技术和政策支持，促进企业的能力升级。

（4）转型升级的政策研究。未来必须充分认识企业转型升级的重要地位，从宏观经济政策层面推动企业发展。完善相关政策、破除体制机制障碍，分别从税收政策、信贷政策和人才引进政策等方面促进企业转型升级。政府部门应构建企业转型升级的利益引导机制，充分利用税收优惠政策鼓励企业发展，通过增加企业税前费用扣除项、税收抵免等政策帮助企业减负发展，提高企业转型升级发展的主动性。企业在转型升级发展的过程中普遍会遇到融资约束问题，相关政策干预会直接影响银行信贷的资源配置，政府可以为相关企业提供信贷优惠，如无抵押贷款、零息贷款等，受到政策支持的企业会更容易获得信贷资金，这在一定程度上缓解了企业转型升级的资金压力。此外，我国企业转型升级的动能已从传统的人口红利迈向人才红利，人才资源已成为企业发展的关键，地方政府应优化人才引进政策，通过高薪和户籍等政策吸引人才助推企业转型发展，企业引入人才有助于实现技术创新和研发突破，推动企业高质量发展。相关政府部门应重视宏观经济政策的制定和调整，重视税收政策、信贷政策和人才引进政策，为企业转型升级发展提供政策保障。

2. 未来展望

本章运用 CiteSpace 软件对 2013—2021 年国内外企业转型升级的相关文献进行了可视化分析，分别对国内外文献的发文数量、作者和机构被引频次及其共现网络、关键词共现图谱、关键词突现、LLR 聚类分析和时区图进行了研究，旨在厘清国内外企业转型升级领域的发展脉络及其演变历程，深入探究其研究热点与前沿问题。这些研究发现为企业转型升级领域的理论提升和实际应用奠定了基础，并为该领域的未来研究提供了有益参考。未来，还应注意以下问题：

（1）对转型与升级的界定模糊。企业转型与企业升级在内涵上是一致的，无须将转型升级分开讨论。本书已指出，国内文献分别对企业转型、企业升级和企业转型升级进行了概念界定与划分，国外文献是将企业转型与企业升级分开使用，并无"企业转型升级"的专业术语。现有文献将该研究领域的企业转型与企业升级概念混淆使用，这主要是指组织转型与业务转型的混淆。如果我们只把企业转型的概念界定在业务层面而不考虑组织层面，那么企业的转型与升级是密切联系在一起的，该领域的研究者不必将二者的概念分开讨论。

（2）缺少案例对比研究。国内外现有文献基本以转型升级成功企业为研究对象，强调对转型升级领域路径的描绘和案例分析，但缺乏对失败案例的分析。现实中，存在大量企业转型升级失败案例，相较于成功案例，失败经验能更好地为未来研究提供新思路。此外，应增加成功案例与失败案例的比较研究，通过正反案例参照对比，分析国内外企业转型升级领域的制约因素和作用机理。增加失败案例的分析，既可使企业转型升级的研究更具解释力和实践性,也能丰富该研究领域的实证研究。

(3)对宏观经济的研究不足。现有文献过度聚焦企业微观管理和中观产业层面,当前研究集中于企业创新、技术创新、内部管理及制造业、产业集群等中微观领域,而对宏观经济波动、政策导向(如产业政策、货币政策)对转型升级的影响研究不足。因此,国内外学者应重视对宏观经济的研究,关注企业转型升级的经济政策和国际经济环境,从宏观视角切入,关注政策传导机制和国际经济环境的作用。

(4)未充分结合本国国情。通过文献分析发现,现有理论对中国等转型经济体的特殊情境关注不足。当前研究热点集中于通用理论、企业内部管理和中观产业,未充分结合各国制度差异(如中国的双循环战略、欧美产业政策)。未来需扎根本土实践,例如结合中国"有为政府"与"有效市场"的互动机制,深化理论与国情的适配性,推动理论体系本土化完善。

第三节 企业转型升级驱动机制作用路径

一、政府优惠政策对企业转型升级的吸引作用

本书第七章采用土地招商政策作为政府优惠政策的典型代表进行分析。政府优惠政策作为政府干预企业的重要工具,对引导企业创新行为、推动企业转型升级具有关键作用。政府优惠政策对企业转型升级的吸引作用体现在以下方面:一是政府优惠政策能够提供丰厚的金融支持以吸引企业转型升级。政府通过政府补助、税收优惠等政府优惠政策释放红利,加大对企业的扶持力度,能够给予企业一定的金融支持,在减轻企业负担、解决企业后顾之忧的同时,吸引企业转型升级。二是政府优惠政策能够提升技术创新以吸引企业转型升级。企业作为研发创新的重要主体,具有很强的正外部性,因此政府很有必要出台各项优惠政策以促进企业自主研发创新、提升企业核心竞争力。然而,大部分中小企业认为企业在创新周期内会产生较大风险,因此很难提升企业自主创新能力。若政府优惠政策能

覆盖企业创新周期，将为激发企业创新活力提供有力支持。三是政府优惠政策能够引进稀缺人才以吸引企业转型升级。在企业转型升级的过程中，除了企业创新能力的提升是必需的，引进高端紧缺人才也必不可少。出于对实际情况的斟酌，中高端人才对企业，特别是中小企业的转型升级至关重要，但如何引进并留住人才成了共同难题。政府优惠政策通过加强青年人才培养、助力高层次人才引进吸引企业转型升级。

二、环境规制政策对企业转型升级的推动作用

现有文献关于环境规制对企业转型升级的影响存在三种观点：第一种观点以"波特假说"为主，认为环境规制对企业转型升级具有积极正向作用。刘建江等（2022）研究发现，环境规制能够促进劳动力和资本要素的流动配置，从而能够推动企业转型升级。第二种观点以"制约矛盾"理论为主，认为环境规制下，企业基于遵循成本原则会对生产性投资产生较严重的负面影响，从而不利于企业转型升级。李强和丁春林（2019）研究发现，无论本地区还是相邻地区的环境规制提升都能够抑制长江经济带的企业转型升级。第三种观点以"不确定性"假说为主，认为不同地区经济发展水平不同，制度文化也存在差异，环境规制能否促进企业转型升级是不确定的（吕鹏、黄送钦，2021），需要根据实际情况具体分析。本章更赞同第一种观点，原因如下：第一，环境规制能够通过优胜劣汰机制"挤出"竞争力较弱的污染企业，从而促进具有核心竞争力的企业顺利转型升级。企业为实现减污降碳，只得通过降低产量、生产效率，加大污染处理成本以满足要求。环境规制能够推动大企业更换设备、引进绿色技术进行转型升级，而对于资金、人才等核心资源都短缺的中小企业来说只能选择退出市场。第二，环境规制能够通过提升消费者环保意识，进而推动企业转型升级。具体地，政府出台各项环境规制政策，能够体现对于企业绿色环保经营问题的重视，从而提升消费者环保意识及绿色消费理念。为迎合消费者的认可和更快占据市场份额，企业会更热衷于生产"清洁型"产品，推动企业加大研发力度、促进技术创新，进而推动企业转型升级（余东华、崔岩，2019）。

三、经营环境对企业转型升级的调节作用

制度环境、税收优惠、社会文化等都能为企业发展提供良好的经营环境（张璠 等，2022），从而提升企业转型升级的效率。王锋正等（2020）研究发现，制度环境作为经营环境的重要因素，能够影响企业战略选择。完善的制度环境能通过降低信息不对称性、提升市场化水平、弥补资源缺口、提升政府治理水平，提供公平公正的外部环境，从而增大企业转型升级的可能性。陈玥卓等（2021）研究发现，税收红利能通过加大企业设备投入和吸引人才提升企业自主创新能力，进而促进企业转型升级。邓少军和芮明杰（2013）研究发现，中庸之道等中华传统理念在企业管理层理念认知内融合发展后，有助于推动企业转型升级。综上所述，通过一系列行为措施可以改善企业经营环境，进而促进企业转型升级。

第四节 企业转型升级的政策障碍

一、区域间政策不协同留给企业策略行为空间

企业转型升级是适应新形势、新环境发展的必由之路，但还存在以下难点。第一，企业传统生产经营模式已经成熟化、标准化，很难打破固有思维迈出现有舒适圈。在这种情况下，企业很难独立自主创新，潜心研发核心技术以突破现状。第二，融资困难且缺乏中高端人才。首先，企业（特别是中小企业）在发展、转型过程中面临最困难的问题是融资约束。由于融资渠道单一、融资成本高，企业很难顺利获得融资。若企业所属行业不属于国家扶持产业，则企业的融资处境将更为艰难。其次，企业的创新发展需要人力资本的参与，因此，中高端人才的匮乏也会抑制企业顺利转型升级。企业依靠自身力量实现转型升级具有一定难度，亟须政府等强有力的主体予以引导、推动。企业（特别是污染企业）的转型升级，仅依靠企业的自主性难以实现，存在市场失灵的问题。在这种情形下，就需要

政府采取措施来弥补市场失灵带来的不足。但地方政府之间相互竞争导致的策略互动，留给企业策略行为很大空间。如环境规制政策能给企业一定的压力，促使企业加大环境治理、社会公关等成本，进而促进企业技术创新转型（吕鹏、黄送钦，2021）。当一地环境规制更严格时，不一定能够取得良好促进企业转型升级的效果，还需要看其余基础设施、资源禀赋等类似地区的环境规制政策是否也更严格。但由于各项政府政策、指导性文件繁多，政府在企业转型过程中的功能碎片化、分散化，更倾向于一个产业出现问题就寻求一种解决办法，直接导致政策协同治理难度倍增（章文光、李金东，2017）。

部分学者对政策协同治理进行了深入研究，结果表明，垂直协同环境政策、动态协同环境政策等方式更能增强政策实施的有效性。目前，环境治理实行双重管理，即地方政府管辖的横向管理和上级环保部门领导的纵向治理。吴建祖和王蓉娟（2019）认为，中央政府对地方政府的监管能够跨越政策执行中的障碍，促进环境治理作用增强。王伊攀和何圆（2021）发现，诸如划定重点控制区域等静态协同环境规制政策无非是诱使污染企业从重点区域转移至非重点区域，这种举措会削弱环境治理的有效性。而诸如环保约谈等动态环境规制政策能带来一定的威慑作用，增强环境治理的有效性。因此，为了确保政策协同、联防联控能积极推动企业转型升级，需要清楚界定地方政府责任、公平分配权益。

二、区域内各部门政策不协同形成"多龙治水"碎片化格局

除了区域间政策不协同问题，区域内各部门政策不协调也给企业带来很大困扰，让企业无所适从。区域内各部门政策不协同会形成"多龙治水"的碎片化格局，使得促进企业转型升级的政策未能实现预期目标。下面以环境规制政策与招商政策为例进行论述。

重污染企业正经历着环境规制趋严造成的生存发展空间缩小的挤压，具有强烈的污染转移策略动机，而招商引资下的地方政府出于以下成因使得土地在招商工具中被凸显出来。一是土地出让与地方经济增长之间的关系。地方政府作为土地一级市场的垄断供应者，其行为会对土地出让产生

根源式影响（杨继东、杨其静，2016），进而影响重污染企业的迁移决策。政府通过低价出让土地吸引资本内流，推动辖区经济增长是较为普遍的做法（陶然 等，2009）。二是土地作为一种特殊的生产要素能够较快达成官员晋升激励所需要的政绩绩效（刘佳 等，2012；张莉 等，2013）。地方官员面临严格的政绩考核，若想在有限的任期内较快取得成效，低价出让土地给那些具有一定规模、有固定资产投资的重污染企业可能是最好的选择（杨继东、杨其静，2016）。三是土地出让行为可以缓解分税制改革造成的地方财政压力。分税制改革导致地方政府面临巨大的财政缺口，土地财政是地方政府增加财政收入的主要来源（郭贯成、汪勋杰，2013）。由于地方政府是辖区内土地资源的实际支配者，可以通过行政手段调控土地出让价格，并且利用农村土地的产权模糊、建设用地的政府管制、土地征用的强制性等解决土地供给不足的问题（罗必良，2008）。地方政府在分税制中的"税收损失"越大，以地生财的动机就越强烈（孙秀林、周飞舟，2013），因此地方政府对于土地招商政策在价格和供地规模上就会有诸多优惠。综上所述，无论出于促进地方经济增长、官员晋升激励还是缓解财政压力的动机，都促使地方政府通过压低土地出让价格和放松土地供给管制为重污染企业迁移创造优厚的条件。

环境规制虽然是推动重污染企业向外迁移的最主要因素，但土地招商政策才是吸引重污染企业具体迁往何处的最重要因素。因为重污染企业迁移后，必须重新买地建厂进行生产，当地政府对土地出让价格的优惠力度是企业必须考虑的关键问题（黄金升 等，2017），尤其是高能耗企业，会向地方政府部门主动寻租，寻求各种庇护和政策支持以降低成本。这就加剧了地方政府与重污染企业达成合谋以规避环境规制、促进污染源跨区域转移的进程。所以，越是那些地价低廉、土地供给管制宽松的地区，越能吸引重污染企业异地迁移。这就造成了区域内各部门政策的不协调。

第五节　本章小结

既有文献较为全面地分析了企业转型升级的类型与模式、影响企业转型升级的因素以及企业通过何种路径转型升级。进一步地，本章通过CiteSpace文献计量工具绘制了2013—2021年发表在CNKI期刊数据库和WoS核心合集中的企业转型升级相关文献的知识图谱。从年发文量、关键词、聚类与时序图等方面进行了可视化分析，对近几年国内外企业转型升级的研究现状和讨论热点进行了总结，得出如下结论：①国内外学者研究企业转型升级具有一定差异性，总体来说，国外学者对企业转型升级问题更为关注。②国内外关于企业转型升级的研究已初步构成了团队和机构合作网络。③从共现图谱能够看出各关键词之间的联系更加紧密；从突现图中能够看出国外关于企业转型升级关键词的突现值远高于国内关键词的突现值，因此，国外对企业转型的研究更加成熟和完善；从聚类图谱能够看出近几年并没有形成新的聚类，国内关于企业转型研究的热度已经衰减。以此为基础，探究了以全球价值链视角下的资源转移、转型升级的创新研究、双元网络嵌入研究及政策研究为主的四个企业转型升级的前沿问题和政府优惠政策、环境规制政策等驱动企业转型升级的作用路径。基于以上结论，本章提出以下政策建议：

第一，采用动态协同政策或垂直协同政策以满足企业转型升级需求。当企业难以依靠自身力量实现转型升级时，亟须政府采取政策措施弥补市场失灵带来的企业转型动力不足。现有政府优惠政策、环境规制政策能够促进企业转型升级，但由于存在政策协同分散化、碎片化问题，企业转型升级效果大打折扣。此时，需要采取动态协同政策或垂直协同政策以清楚界定地方政府责任、公平分配权益，有效提升转型效果。

第二，既要强调对企业转型升级成功路径的学习，又要注重对企业转型升级失败案例的分析。目前，国内外对于企业转型升级的研究多从成功的案例进行分析，成功的案例能提供有效作用机理和理论经验，而失败的企业转型案例也不可忽视，其能够更好地为企业转型提供新思路和突破口。

| 第三章 |

地方政府推动企业转型升级机制：
动力来源与效果分析[①]

本章以企业转型升级的核心载体——战略性新兴产业为研究对象，关注政策号召、企业能动性与社会福利需求对产业政策推进的影响，剖析地方政府在企业升级中的作用。本书结合中国情境，重构了政府官员产业政策决策模型，系统考察了政企互动过程，揭示了政策内生机制，并利用地级市发布的新兴产业政策数量与战略性新兴产业上市公司两个层面的数据进行了实证检验。①政府发布的新兴产业政策数量与新兴产业占经济规模的比重无关，而是依赖政绩压力传导产生的政策号召力；②新兴产业的支持力度与政策数量无直接关系，与企业寻租支出呈正相关关系，当期政策数量增多会压缩正向关联程度。这反映出在当前环境下，产业政策的推进主要依靠政策号召，新兴企业难以仅依靠自身对地方经济作出足够贡献，地方政府内在激励不足，强力推行产业政策可能会加剧政企之间的双向寻租行为。因此，政府应当重新审视产业政策，改变政策推行方式，鼓励地方发挥自身优势推出特色产业，实现以企业自身发展为主、政策扶持为辅的良性发展模式。

---

① 本章部分内容以《战略性新兴产业政策是如何推进的——基于政企互动的视角》为题发表在《产业组织评论》2019年第1期。

第一节　地方政府单位政策如何推动企业转型升级

　　培育和发展战略性新兴产业是国家抢占新一轮经济制高点的重大战略，旨在促进企业自主创新和产业升级，为此，各级政府出台了一系列相关政策文件，并投入大量资源促进其发展。但在实际发展中，随着新兴产业政策的不断出台，虽然战略性新兴产业整体上取得了一定的进展，但相关企业为获取政策资源进行寻租、过度依赖政府政策扶持、滥用政府补贴盲目扩大产能等问题也逐渐凸显出来，产业政策的有效性受到了越来越多的质疑。当前，中央调整经济发展思路，侧重供给侧结构性改革，产业政策仍然是改革目标实现的主要工具，重新审视产业政策的运作过程对于发挥产业政策的效用具有参考意义。与众多其他政策相似，战略性新兴产业政策由中央政府发起，地方政府在实施过程中保留一定的自主权。地方政府可就初步试验和全面推动的实践自主决策，也可采取不同的实施计划。毫无疑问，产业政策良好效果的实现需要中央政府全局视角的顶层设计、地方政府制定政策细则并积极推进落实、相关企业合理利用政策资源三个环节的配合。其中，地方政府起到了承上启下的作用，其对产业政策的推进意愿是产业政策从理念转化为实际动力的重要环节。因此，廓清地方政府推进战略性新兴产业政策的驱动因素及其特征就尤为重要。

　　目前，对于战略性新兴产业政策的讨论主要集中在分析产业政策的效果上。围绕产业政策从制定到实施的过程，政策实施的效果研究非常丰富。如陆国庆等（2014）直接测算战略性新兴产业创新补贴的绩效；肖兴志和王伊攀（2014）分析了战略性新兴产业补贴被滥用于粉饰业绩的情形；余东华和吕逸楠（2015）认为，战略性新兴产业政策的不当干预导致了产能过剩。王海和许冠南（2017）、韩超等（2016）更是将战略性新兴产业政策效果的分析上升到对产业政策文本的研究上来，直接将不同类型的政策同产业发展实际联系起来考察，但并未触及产业政策从制定到最终落实整个逻辑链条的上一环，即什么原因推动了产业政策的出台，政策制定之后通过何种方式作用到具体企业上，与研究产业政策效果的丰富成果相比，对该问题的研究并不充分。当然，通过对产业政策的效果分析为政策出台提供理论依据是回答该问题的常见思路。但对于方兴未艾的新兴产业来说，产业政策效果的不确定性为地方政府制定并推进产业政策的逻辑合理性带来了挑战，至少不能作为解释地方政府愿意推动产业政策的全部原因。

有文献揭示了地方政府大力推进产业政策的动力源泉，如韩超（2016）以新能源产业为例，结合全球产业竞争态势给出了战略性新兴产业政策扶持逻辑。但现有研究对该问题的分析大多采用案例或者间接推理方式推理，并不能体现普遍性和直观性，本章借鉴扩展的"保护待售"模型，将其置于中国情境下，刻画并再现了在制定产业政策时政企互动的博弈过程；并采用定量方法对企业的主观能动性进行了衡量，更全面地概括了企业为获取有利的产业政策所做出的努力。虽然地方政府受到中央政策号召推动产业政策的实施成为公众与媒体的共识，个别企业寻租"搞定"政府的案例也引发无数猜想，但地方政府响应中央政府号召并且与企业互动的微观机理并不明确，相关实证文献也少有涉及。本章基于微观视角，探讨了地方政府推进产业政策的动力来源，考察了政府执行产业政策的力度对企业的影响，尝试对"政府官员产业政策决策机制是什么，受到哪些因素的影响，产业政策如何作用到微观企业"等问题做出回答。这不仅有助于人们理解地方政府行为逻辑背后的推动力，加深对政府与企业互动过程的理解，破解战略性新兴产业发展困局，丰富对中国情境下产业政策制定与决策的讨论，还能够为政府重新审视产业政策提供新的视角，为政府修正和完善现行政策提供更加科学的依据。

第二节　地方政府推进企业转型升级的政策背景与动力来源

一、政策背景

"解政府之急，借政府之力"正是地方政府与战略性新兴产业之间互动关系的写照，战略性新兴产业是在各类产业政策的支持下成长起来的。自2010年10月国家正式出台《国务院关于加快培育和发展战略性新兴产业的决定》后，各地陆续出台了关于促进战略性新兴产业发展的政策规章。根据立法主体的不同，涉及战略性新兴产业的政策法规可以分为两个层级：中央层面的法规和司法解释，以及地方层面的法规和规章。根据效力级别划分，中央法规和司法解释中包含了4篇行政法规、19篇部门规章以及2篇行业规定。本章的研究时间跨度为2010—2018年，研究对象限定为地方性法规和规章。在这一时期内，共收集到610篇地方性法规和规章，其中省级层面有312篇，地级市层面有298篇。检索工作完成于2018年11月29日，检索结果中剔除了7篇重复的地方性法规和规章。地方政府推出战略性新兴产业政策的数量呈现出显著的地区差异。以省级层面出台的政策为例，广东省出台战略性新兴产业政策最多，高达70篇，位居第二的湖南只有29篇，这与广东省作为改革开放前沿阵地的地位相匹配。位居第二梯队的是湖南和甘肃，后者为28篇。位于第三梯队的是上海市（19篇）、安徽省（16篇）、四川省（16篇）、福建省（12篇）、江苏省（12篇）、重庆市（12篇）、江西省（10篇），均在10篇以上，其余省份均在10篇以下。

2009—2018年地方政府战略性新兴产业政策出台时间进程如图3-1所示。政策发布的时间跨度为2009—2018年，其中，2011—2012年政策发布较为密集，2012年，无论是省级层面还是地级市层面，政策出台数量均达到高峰。值得注意的是，虽然国家层面在2010年正式发布了战略性新兴产业政策,但其实在 2009 年 12 月的中央经济工作会议上已有提及和讨论。更早之前,2009 年 5 月 21 日,时任国务院副总理李克强在出席财政支持新能源与节能环保等新兴产业发展工作座谈会时,首次提出了推动战略性新兴产业加快发展的观点,这也是国家领导人层面首次明确提出"战略性新兴产业"的概念。因此,2009 年西安市已经出台了一篇关于战略性新兴产业的政策。

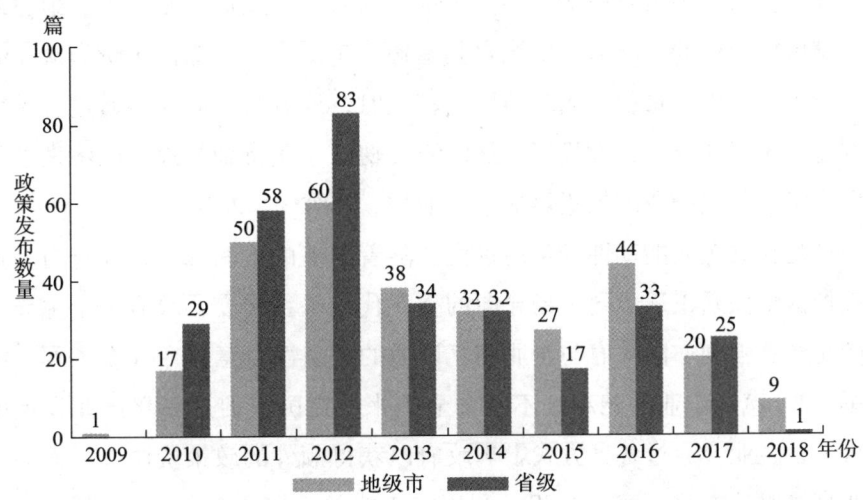

图 3-1　2009—2018 年地方政府战略性新兴产业政策出台时间进程

二、动力来源

地方政府推动战略性新兴产业发展存在三个动力。

一是政策号召产生的动力。中央政府支持战略性新兴产业发展的政策意图,对地方政府推进战略性新兴产业政策具有强大的吸引力。一方面,推动政策尽快实施蕴含着体现政绩的机会。战略性新兴产业作为中央政策推动的新兴产业,在政绩能见度上要大于传统产业(耿曙、陈玮,2015),发展战略性新兴产业本身将成为地方政府重要的政绩体现(余东华、吕逸楠,2015)。在政绩压力下,晋升激励促使年轻的官员对产业政策推进力度加大。另一方面,推动产业政策所承担的政治成本和风险很小。在中央政策的号召下,地方政府推动新兴产业实施的方针政策具有了合法性,为使用土地、金融支持和财政补贴等政策工具提供了充分的空间。因此，积极响应中央政策号召对于地方政府而言收益高、风险小、施政空间大。虽然国家发布了统一的战略性新兴产业促进政策，但各地在执行过程中优惠力度存在显著差异，这与地方政府所处的环境密切相关。其中，政绩压力强度可能是影响地方政府响应中央政策号召的主要因素。地方政府在面临政绩压力时会积极寻找释放压力的突破口，新兴产业与传统产业政绩贡献的差异，使得利用自身影响力和资源推动新兴产业发展合乎理性。地方政府对辖区内企业的影响力主要源自其掌握大量的企业所需的关键资源，并且有较大的自由裁量权。当政绩压力较大时，地方政府有能力通过各种手段促进甚至迫使企业扩大投资，从而激发辖区企业特别是地方经济发展的重要力量对新兴产业的投资热情（徐业坤、李维安，2016）。

二是相关企业能动性产生的推力。随着改革的不断深入，政府与企业的庇护依附关系正逐步向市场导向的委托代理关系转变，政府完全主导企业的超经济强制亦向政府与企业相互调适的关系性合意转变（金太军、袁建军，2011）。企业的能动性不断凸显出来，在国家促进新兴产业发展的契机下，企业会通过各种方式影响政府以获得额外的政策资源。一方面是企业直接对地方政府官员寻租，利用非正式关系获得额外资源获取机会，表现为企业增加非生产性支出（万华林、陈信元，2010；Wang and You，2012）。另一方面，采用间接的方式，配合地方政府的需要，尤其是在政府面临政绩压力的关键时刻合作，为政府排忧解难。作为对此的回报，地方政府会为企业带来更多资源和便利（黎文靖 等，2012；李四海 等，2012）。通常来说，这种间接的能动性与相关行业的规模密切相关，而对于新兴产业来说，其规模的扩大本身就意味着对于政府需要的配合。因此，新兴产业的行业规模越大，其通过间接方式影响地方政府的能力就越大，这种能动性体现得就越显著，最终可能会影响到地方政府对于新兴产业的关注支持程度。为方便做区分，本章将直接的能动性称为"企业社会资本"，将间接的能动性用"新兴产业规模"来表示。

三是辖区社会福利需要的外部挤压。发展新兴产业是改善产业布局、优化税源结构、增加财政收入的有效途径。战略性新兴产业本身具有引领带动作用强的特点，其发展常常能够带来更多的社会福利，如缓解传统产业衰落带来的大量失业问题、改善传统产业粗放式发展造成的辖区环境污染问题，这也决定了地方政府对新兴产业的积极态度。由于地方政府对于战略性新兴产业有强烈的依赖性，战略性新兴产业具有很高的议价能力，甚至出现了政府对企业的"反向寻租"（黄冬娅，2013）。在这种情形下，地方政府依然有意愿推进新兴产业发展，看中的正是战略性新兴产业的正外部效应。

第三节 产业政策制定的政企博弈模型

以上梳理总结了可能影响地方政府推进战略性新兴产业发展的三大因素，但这三者是否都对政府推进战略性新兴产业的行为产生影响？本部分试图建立政企互动模型，刻画产业政策制定过程中政府与企业之间的互动模式。Grossman 和 Helpman（1994）的"保护待售"模型为此提供了分析依据，该模型开创性地提出了利益集团运用政治捐献购买政策的基本理论框架，通过求解均衡贸易政策，分析政策产出的影响因素。更进一步地，王孝松等（2011）扩展了该模型。本部分借鉴王孝松等扩展后的模型框架，通过对模型设定的重新诠释与解读，在地方政府既考虑政绩压力又考虑辖区整体福利的目标下，分析战略性新兴产业政策产出的过程。

一、基本假设

1. 消费者行为

假设消费者偏好相同，目标是效用最大化，定义个人效用函数：

$$u(x) = x_0 + \sum_{i=1}^{n} u_i(x_i) \tag{3-1}$$

其中，x_0 是基准商品的消费量，价格为1，x_i 是第 i 种商品的消费量。在效用最大化的条件下，$x_i = D_i(p_i)$。每个人的支出水平为 I，则 $I = x_0 +$

$\sum_{i=1}^{n} p_i D_i(p_i)$。

个人间接效用函数为:$V(p, I) = I + \sum_{i=1}^{n} u_i [D_i(p_i)] - \sum_{i=1}^{n} p_i D_i(p_i)$

(3-2)

2. 生产者行为

企业的生产函数为 $y_i = f_i(L_i, K_i)$,假设生产仅需投入劳动,且投入产出系数为1,因此利润为 $\pi_i(p_i) = \max[p_i f_i(L_i, K_i) - L_i]$。根据 Hotelling 引理,可以得出每个企业的最优产量为 $y_i = \pi_i'(p_i)$。生产者分为战略性新兴产业与传统企业。政府选择政府补贴政策来影响新兴产业的收入分配。p_i^* 是政府未补贴的市场价格,t 是政府补贴(从价补贴),则政府补贴后的价格为 $p_i = p_i^* - t$。新兴产业为与各级政府建立非正式关系,产生大量的非生产性支出,其支出水平根据政府实施的产业政策而定,用 $C_i(p)$ 表示。新兴产业以企业的福利最大化为目标。新兴企业根据自己的收益状况"用脚投票",决定将厂址落户于该地还是其他地方。其对地方政府的"显示性"贡献如下:

$$\sum_{i \in S} \alpha_i [W_i(p) - W_i(p^*) - C_i(p)] \quad (3-3)$$

其中,α_i 表示第 i 个战略性新兴产业占当地生产总值(GDP)的比重。该式的含义是新兴产业通过非正式关系等推动相关产业政策的实施后,其所获得的收益与没有产业政策支持时收益的差值。

经济中的所有人口为 N,M_i 为对新兴产品的需求量,用传统产品满足不了的消费量来表示,即 $M_i = ND_i - Y_i$,满足 $M_i' < 0$。此时,地方政府财政补贴支出为:

$$R(p) = \sum_{i=1}^{n} t_i M_i = \sum_{i=1}^{n} t_i [ND_i(p_i) - y_i(p_i)] \quad (3-4)$$

地方政府将这些财政支出用于补贴企业,其他领域得到的财政支出会相应减少,相当于减少了每个人的收入。每家企业里特定资本所有者收入可以分为四个部分,即单位工资收入、利润 $\pi_i(p_i)$、产业政策补贴消耗、消费者剩余。因此,对应这四个部分,个人的福利函数为:

$$V(p, 1) = 1 + \sum_{i=1}^{n} S_i \pi_i(p_i) - \sum_{i=1}^{n} t_i [D_i(p_i) - \frac{1}{N} y_i(p_i)] +$$

$$\sum_{i=1}^{n} u_i [D_i(p_i)] - \sum_{i=1}^{n} p_i D_i(p_i) \tag{3-5}$$

其中，S_i 为个人在第 i 种商品生产的特定要素利润分配中所占的份额。每个行业整体的福利函数 W_i 可以表示为：

$$W_i = l + \pi_i(p_i) - l\{\sum_{i=1}^{n} t_i [D_i(p_i) - \frac{1}{N} y_i(p_i)]\} +$$

$$l\{\sum_{i=1}^{n} u_i [D_i(p_i)] - \sum_{i=1}^{n} p_i D_i(p_i)\} \tag{3-6}$$

其中，l 为该行业的人口数。全社会的福利函数为：

$$W = N + \sum_{i=1}^{n} \pi_i(p_i) - \sum_{i=1}^{n} t_i [N D_i(p_i) - y_i(p_i)] +$$

$$N\{\sum_{i=1}^{n} u_i [D_i(p_i)] - \sum_{i=1}^{n} p_i D_i(p_i)\} \tag{3-7}$$

3. 政府目标

地方政府在制定产业政策时，至少受到三个方面的影响：一是新兴产业落户本地的意愿程度或者对本地政府政绩显示的支持力度；二是自身从辖区内企业的非正式关系中获得利益的多少；三是辖区所有人的福利状况。因此，对应这三个方面，地方政府的目标函数为：

$$G = \sum_{i \in S} \alpha_i [W_i(p) - W_i(p^*) - C_i(p)] + \theta \sum_{i \in S} C_i(p_i) + \beta W \tag{3-8}$$

其中，参数 β 为政府赋予全社会福利的权重比例，$\beta \geq 0$。地方政府的目标函数可以分为自身利益与社会利益两个部分，两者此消彼长，因此需要地方政府权衡两者。

二、政府目标最大化条件下的最优产业政策

该博弈分为两个阶段：第一阶段，新兴企业花费非生产性支出，与政府建立非正式关系；第二阶段，政府在给定寻租费用的基础上决定对商品的补贴水平，这样就决定了商品的价格。在政府目标最大化条件下，均衡的产业政策应该满足一阶条件：$\frac{\partial G}{\partial p} = 0$。而新兴企业愿意向政府进行寻租，

必须实现自身利益的最大化，因此在制定决策时会使自身福利与政府福利同时达到最大化，此时达到了纳什均衡。

由此可得，$\nabla C_i^0(p^0) = \nabla W_i(p^0)$。

$$\frac{\partial(W_i(p) - C_i(p) + G)}{\partial p} = 0 \quad (3-9)$$

由政府利益最大化的一阶条件，即对式（3-8）求解一阶条件可得：

$$\theta \sum_{i \in S} \nabla W_i(p^0) + \nabla \sum_{i=S}^{n} \alpha_i W_i(p^0) - \sum_{i=S}^{n} \nabla \alpha_i W_i(p^0) + \beta \nabla W(p^0) = 0$$
$$(3-10)$$

由式（3-6）可以求出产业政策变动对于各行业福利的边际影响，即

$$\frac{\partial W_i}{\partial p_j} = (\delta_{ij} - \alpha_i) y_j(p_j) - \alpha_i t_j M'_j(p_j) \quad (3-11)$$

其中，δ_{ij} 为指示变量，如果 $i=j$，其值为 1，否则为 0。t_j 表示第 j 种新兴产品的补贴额度，M_j 表示第 j 种新兴产品的需求量，因为 $M'_j(p_j) < 0$，故补贴水平越高，新兴企业获得的福利越多。

进一步对式（3-11）加总，可得整个行业的政策变动边际影响：

$$\sum_{i \in S} \frac{\partial W_i}{\partial p_j} = (I_j - \alpha_S) y_j(p_j) - \alpha_S t_j M'_j(p_j) \quad (3-12)$$

令 $\sum \delta_{ij} = I_j$，如果产业得到了强有力的中央政策号召，此时官员的政绩压力有释放的突破口，取值为 1，反之为 0。$\alpha_S = \sum_{i \in S} \alpha_i$ 为战略性新兴产业占当地 GDP 的比重。

通过对式（3-6）进行变换并求微分，可得：

$$\frac{\partial \sum_{i=1}^{n} \alpha_i W_i}{\partial p_j} = \alpha_j[(1 - \alpha_j) y_j(p_j) - \alpha_j t_j M'_j(p_j)] \quad (3-13)$$

$$\sum_{i \in S} \frac{\partial \alpha_i W_i}{\partial p_j} = (I_j \alpha_j - \sum_{k \in S} \alpha_k^2) y_j(p_j) - \sum_{k \in S} \alpha_k^2 \times t_j M'_j(p_j) \quad (3-14)$$

另外，根据式（3-7）可得：

$$\frac{\partial W}{\partial p_j} = -t M'_j(p_j) \quad (3-15)$$

将式（3-12）至式（3-15）代入式（3-10）可解得均衡价格：

$$\frac{\gamma_i}{1+\gamma_i} = \frac{-(\theta-\alpha_i)I_i + \theta\alpha_S - \alpha_i - \sum_{j\neq i\in S}\alpha_j^2}{\alpha + \theta\alpha_S - \sum_{j\neq i\in S}\alpha_j^2} \times \frac{z_i^0}{e_i^0} \quad (3-16)$$

其中，$r_i = \dfrac{t}{p_i^*}$ 为政府补贴率；$\dfrac{z_i^0 = y_i(p_i^0)}{m_i(p_i^0)}$ 为传统产品与新兴产品消费量之比；$\dfrac{e_i^0 = -m_i'(p_i^0)p_i^0}{m_i(p_i^0)}$ 为需求价格弹性。通过对上式分别求偏导可得出以下三个命题。

政策号召力与产业政策之间的关系。可以分别令 $I=0$ 与 $I=1$，设定了传统产业与受到政策号召发展的新兴产业两种截然不同的情形。由此可得命题1：战略性新兴产业政策推动取决于产业供给弹性、需求水平以及政策号召力。其中，中央政策号召力决定了地方政府对于新兴产业与传统产业的差别对待。

行业规模与产业政策之间的关系。关注 α_i 与均衡价格的关系。令 $I=1$，从式（3-16）中可以看出，式中不存在 α_i。令 $I=0$，α_i 对于均衡价格的影响依赖于其他变量。由此可得命题2：对于具有中央政策强力支持的战略性新兴产业来说，该行业获得的地方政府政策支持水平与其占GDP的比例无关，即新兴产业政策的推动与产业本身是否为支柱产业无关。另外，对于传统产业而言，其是否被认定为支柱产业以及能否获得产业政策的支持，这种关系并非一成不变，而是受到地方政府在寻租行为与社会福利考量之间权衡的影响。

社会福利与产业政策之间的关系。地方政府考虑自身利益最大化，会在获取企业非生产性支出增加自身收益与增加社会福利之间进行权衡，两者之间是此消彼长的关系。式（3-16）对于 θ 求偏导，可得命题3：对于战略性新兴产业而言，若地方政府是发展型政府，即赋予全社会福利较大的权重时，其获得产业政策支持的水平同 θ 呈负相关关系。当地方政府赋予全社会福利较低的权重时，其获得产业政策支持的水平同 θ 呈正相关关系。θ 表示企业的非生产性支出对各级政府的影响程度，其值越小表明1

单位企业非生产性支出对地方政府的影响越小。当地方政府是发展型政府时，更关注全社会福利，而不是为了获取更多自身利益。

第四节　地方政府推动企业转型升级机制的效果检验

本部分采用两个层面的数据，即基于地级市层面的战略性新兴产业政策数据与基于微观企业层面的战略性新兴产业上市公司数据，对理论模型的结论进行实证验证。围绕"宏观上谁影响了新兴产业政策的出台数量——微观上政策出台数量如何作用于相关企业"的逻辑链条，本章采取的实证检验策略是：①基于地级市层面数据检验地方政府发布新兴产业政策数量的影响因素，用于剖析产业政策与政策号召力、产业发展规模、社会福利等之间的关系；②基于战略性新兴产业上市公司层面的数据检验新兴产业政策支持力度的决定因素，用于分析产业政策数量影响具体企业的作用机制。

一、数据来源

战略性新兴产业政策数量及政策发布时间数据来源于北大法宝法律法规检索系统。检索以"战略性新兴产业"为标题的法规和规章，经手工收集整理后，剔除了7篇重复的地方法规和规章，最终获得中央法规司法解释等共25篇，地方性法规和规章610篇，其中具体到地级市层面的地方性法规和规章共298篇①。地级市层面所用到的数据均来源于各省级统计局统计年鉴、《中国区域经济统计年鉴》和《中国城市统计年鉴》。上市公司数据主要来源于Wind资讯金融终端数据库，对部分数据依据公司年报进行了复核和补充。战略性新兴产业上市公司划分依据肖兴志和王伊攀（2014）的做法，选取平安证券行业分类中的"平安战略性新兴产业"上市公司划分作为依据。考虑到2010年国家正式发布战略性新兴产业政策，选取了2010—2016年3495家全部A股上市公司的财务数据样本，样本点13980个。在实际回归分析中剔除了所需变量数据不全的样本。

---

① 检索日期为2018年11月29日。

二、模型设定

验证地方政府发布战略性新兴产业政策数量的影响因素所采用的计量模型如下：

$$policy_{it} = \alpha_0 + \alpha_1 zhengji + \alpha_2 indsize_{it} + \alpha_3 fuli + \sum_{j=4} \alpha_j CONTROL + \varphi_i + \nu_{it} \tag{3-17}$$

验证战略性新兴产业政策支持力度的影响因素所采用的计量模型如下：

$$subsidy_{it} = \beta_0 + \beta_1 policy_{it} + \beta_2 DUP_{it} + \beta_3 policy\_dup_{it} + \beta_4 rd_{it} + \sum_{k=5} \beta_k CONTROL + \eta_i + \mu_{it} \tag{3-18}$$

其中，i、t 分别代表不同的企业和时间年份，α、β 表示待估参数，ν_{it}、μ_{it} 是随机扰动项。

三、变量选择与描述统计

模型（3-17）中变量。被解释变量 $policy$ 为战略性新兴产业政策数量，数据来源于北大法宝法律法规检索系统。在检验政策时滞时采用的被解释变量 $cndate$ 为地方新兴产业政策出台时点距离国务院新兴产业政策的最近间隔天数。解释变量 $zhengji$ 为官员响应政策号召的程度。该变量不容易直接衡量，但一般而言，中央政策的号召力传达是通过对官员的考核制度来实现的，官员政绩压力越大，对于政绩显示越急切，响应政策号召力度越大。官员面临的政绩压力与响应政策号召力度呈正相关关系，因此本章采用政绩压力间接衡量地方政府响应政策号召的程度。具体采用了3个指标进行检验，包括相对政绩压力 ps、辖区 GDP 年增长率 $ngdp$ 以及两者的交叉项 $ngdp\_ps$。官员晋升机制的众多研究显示，对官员的考核更多地依赖辖区经济发展状况。地区 GDP 增长率是最为常用的衡量辖区经济状况的指标，以此作为衡量绝对政绩压力的变量。同时，借鉴钱先航等（2011）的处理方法，构造了相对政绩压力指标。首先将城市分为3个层级：普通城市、直辖市与副省级城市。对于普通城市而言，以地级市 GDP

作为权重，计算出同省份所有地级市的 GDP 年增长率加权平均值，以此为基准，如果该地级市 GDP 年增长率小于同省份所有地级市 GDP 年增长率的加权平均值，令 ps 为 1，反之令 ps 为 0。对于直辖市而言，以 4 个直辖市 GDP 年增长率的加权平均值作为基准进行比较；对于副省级城市而言，以 15 个副省级城市的 GDP 年增长率的加权平均值作为基准进行比较。GDP 年增长率处于同类别城市基准以下的地级市，面临较大的相对政绩压力。解释变量 *indsize* 用来衡量地级市辖区内战略性新兴产业规模，本章采用辖区上市公司数量占辖区规模以上企业数量比值 *shslzb*、辖区战略性新兴产业上市公司数量占辖区上市公司总量比值 *numseizb*、辖区新兴企业资产规模占辖区上市公司总资产规模比值 *sizeseizb* 3 个变量来衡量。解释变量 *fuli* 用来衡量社会福利需要。社会福利通过以下 3 个指标观察：一是环保考量，废水废气排放量 *hb1*；二是就业率考量，制造业从业人数占总人口比例 *zzyrk*；三是土地财政考量，房地产投资占比 *fdczb*。

模型（3-18）中变量。被解释变量 *subsidy* 为政府补贴水平值；*DUP* 表示企业的非生产性支出，具体衡量方法见肖兴志和王伊攀（2014）的研究；*policy_dup* 为政策数量与非生产性支出的交叉项；*rd* 为企业研发支出占主营业务收入之比；*tpolicy* 为政策数量年度累积值。除了上述主要变量外，还加入了以下控制变量：是否为国有企业的虚拟变量 *state*，企业利润总额 *lirun*，企业年龄 *age*，资产负债率 *lev*，员工人数 *yg*。同时，设置了 6 个行业虚拟变量 *industry*，5 个年度虚拟变量 *year*。

四、基于地级市层面的新兴产业政策数量及时滞影响因素检验

表 3-1 分别报告了以政策数量为被解释变量的模型（1）、模型（2）、模型（3），以政策发布时滞为被解释变量的模型（4）的回归结果。首先分析检验适用的回归模型。对于政策数量影响因素的检验，因为被解释变量政策数量是计数数据，故使用计数模型进行分析。常见的计数模型为泊松回归模型及负二项回归模型。泊松分布可以用于描述给定时间内某稀有事件发生的次数，其局限性是要求均等分散，即被解释变量的期望与方差相等。考察政策发布数量的统计特征，发现政策发布数量样本的方差为

3.27，样本均值为 1.91，样本方差明显大于样本期望，存在过度分散的特点，因此模型（1）至模型（3）均采用负二项回归模型进行回归。回归后，观察三个模型 alpha 的 95% 置信区间分别为（1.04，1.33）、（1.03，1.31）、（1.03，1.31），均可在 5% 的显著性水平下拒绝过度分散参数 alpha 为 0 的原假设，故使用负二项回归模型是较为合理的。

对应博弈模型部分的三个命题，从三个方面对回归结果进行分析。

第一，政策号召力对产业政策数量的影响。GDP 回归模型中体现政策号召力的影响因素为相对政绩压力 ps、辖区 GDP 年增长率 $ngdp$ 以及两者的交叉项 $ngdp\_ps$。对模型（1）和模型（3）进行分析，发现这 3 个变量均不显著，意味着当期的政绩压力对当年新兴产业政策的发布数量影响不显著。考虑到官员晋升考核的实际情况，通常是依据上一年度的表现进行考核评价的，因此引入上一年度的相对政绩压力 lps、上一年度辖区 GDP 年增长率 $lngdp$ 及两者的交叉项 $lngdp\_lps$。通过模型（2）与模型（3），从绝对政绩压力的角度来看，上一年度辖区 GDP 年增长率越低，发布新兴产业政策数量越多，这与我们的直觉相符。政府官员在面临绝对政绩压力时，倾向于通过发布新兴产业政策谋求地方利益增长效率的最大化。具体而言，上一年度辖区 GDP 年增长率每降低 1 个单位，发布新兴产业政策数量至少增加 2.2%。但从相对政绩压力的角度来看，上一年度的相对政绩压力 lps 却会减少新兴产业政策发布数量，可能是由于相对于庞大体量的传统产业，新兴产业政策对于短期内改善地区间的相对竞争形势作用较弱。两者的交叉项显著为正，表明上一年存在相对政绩压力的情况下，上一年度辖区 GDP 年增长率对于政策数量有正向影响。在相对政绩压力下，如果上一年 GDP 增长率良好，可以有更多的资源投入促进新兴产业发展。在相对政绩压力下，发展新兴产业更多是锦上添花，而不是雪中送炭。于津平和吴小康（2016）指出，地方政府在制定产业政策时应考虑区域竞争的比较优势，过高或者过低估计战略性新兴产业的作用都会损害区域利益。综上所述，无论从绝对政绩压力还是相对政绩压力的角度来看，都会对产业政策的发布数量产生显著影响。这就证明了命题 1：中央政策的号召力对于新兴产业政策的推动具有显著意义。

表 3-1 政策数量及政策时滞影响因素检验

变量	模型（1）政策数量	模型（2）政策数量	模型（3）政策数量	模型（4）政策时滞
ps	-0.1788 (-1.2966)	—	-0.0661 (-0.4586)	14.9655 (0.3946)
$ngdp$	0.3074 (0.3086)	—	0.8997 (0.9035)	390.7672 (1.4601)
$ngdp\_ps$	1.0015 (1.0200)	—	0.5632 (0.5606)	-211.8599 (-0.8693)
lps	—	-0.4989*** (-3.5543)	-0.4652*** (-3.1282)	6.7115 (0.1665)
$lngdp$	—	-2.1770*** (-3.0588)	-2.4586*** (-3.3065)	73.6433 (0.3043)
$lngdp\_lps$	—	2.2355*** (2.6722)	2.0044** (2.2952)	49.6938 (0.1971)
$hb1$	-0.0000 (-1.5953)	-0.0000 (-1.6169)	-0.0000 (-1.6016)	-0.0001 (-1.4650)
$zzyrk$	3.2424*** (6.8455)	3.2172*** (7.0152)	3.2433*** (6.9121)	-213.6481*** (-2.7941)
$shslzb$	-0.0140 (-0.0057)	0.1042 (0.0424)	0.2501 (0.1015)	-729.5466 (-1.4253)
$numseizb$	-0.1590 (-0.4140)	-0.1628 (-0.4308)	-0.1887 (-0.4978)	170.0439* (1.8011)
$sizeseizb$	-0.4146 (-1.3028)	-0.4048 (-1.2896)	-0.3874 (-1.2243)	-167.2254** (-2.0672)
$fdczb$	-1.4594*** (-3.2143)	-1.4281*** (-3.0794)	-1.5230*** (-3.3036)	-110.7585 (-1.1880)
$citylevel$	Yes	Yes	Yes	Yes
$year$	Yes	Yes	Yes	Yes
样本量	1717	1717	1717	205

注：表中数据为回归系数，括号内数值为 t 值，*、**、*** 分别代表显著性水平为 0.10、0.05、0.01。

第二，行业规模对产业政策数量的影响。该部分采用辖区上市公司数量占辖区规模以上企业数量比值 $shslzb$、辖区战略性新兴产业上市公司数量占辖区上市公司总量比值 $numseizb$、辖区新兴企业资产规模占辖区上市公

司总资产规模比值 $sizeseizb$ 3 个变量来衡量。后两者的方向均为负相关,但 3 个变量在 5% 的水平下均不显著,验证了命题 2 中关于新兴产业政策与其所在辖区规模不相关的结论。这表明,新兴产业政策的推动并不是依赖新兴产业在地方的具体贡献而定的,没有做到因地制宜。新兴产业政策的现行出台方式不利于充分发挥地方产业特色,这种"一刀切"式推行新兴产业政策势必对政策实施的精准性、有效性产生负面影响。

第三,社会福利对产业政策数量的影响。社会福利通过以下 3 个指标观察:一是环保考量,废水废气排放量 $hb1$ 对于新兴产业政策数量影响不显著。二是就业率考量,在模型(1)至模型(3)中,制造业从业人数占总人口比例 $zzyrk$ 对新兴产业政策数量均有显著正向影响,制造业人口占比每升高 1 个单位,会使得新兴产业政策数量增加 3.2%,在 1% 的水平下显著。这表明,辖区就业率是地方政府推行新兴产业政策的重要考量,不难推断,拥有人数众多的制造业就业群体的地方,发展实体经济促进产业转型的愿望比较强烈。三是土地财政考量,房地产投资占比 $fdczb$ 每增加 1 个单位,新兴产业政策出台数量会减少 1.4%~1.5%,在 1% 的水平下显著。房地产市场投资与地方政府土地财政收入有较强的正向关联。这意味着,土地财政收入较好的地方,对于地方政府推动产业政策缺乏激励。地方政府在土地市场中具有绝对的话语权,土地转化为财政收入是扩大财源的捷径,地方政府便失去了寻找其他财政收入来源的积极性(李郇 等,2013)。这也从财政盈余的角度间接佐证了政绩压力对于产业政策推动的影响。综上所述,地方政府对于社会福利的考量如就业率、房地产投资等会显著影响新兴产业政策出台的数量。

此外,在模型(1)至模型(3)的分析中,发现对比 2010 年,年度虚拟变量 2011 年、2012 年显著为正,以后的年份均不显著,这与国家 2010 年正式出台《国务院关于加快培育和发展战略性新兴产业的决定》的时间节点相一致,地方战略性新兴产业政策在此后的三年内比较密集地出台。进一步地,以地方新兴产业政策出台时点距离国务院新兴产业政策的时间间隔作为被解释变量,采用断尾回归模型分析了各地产业政策出台时滞的影响因素。结果显示,制造业人口占比以及新兴产业资产规模占比对政策时滞有显著的缩短作用。制造业人口占比越高、新兴产业资产规模占比越大，地方政府出台政策越快。新兴产业上市公司数量占比越高，地方政府出台政策越慢，尽管只在10%的水平下显著，也可以看出地方政府出台部分政策的快慢更多的是基于经济规模而不是数量。

五、基于战略性新兴产业上市公司层面的政策支持力度影响因素检验

表3-2报告了地方政府战略性新兴产业政策对于新兴企业支持力度的影响因素，模型（5）和模型（6）以及模型（9）和模型（10）是以当期的政府补贴作为被解释变量，模型（7）和模型（8）以上一期政府补贴作为被解释变量。从中可以得出如下结论：

第一，除模型（10）外，其余模型均可观察到企业非生产性支出 DUP 对于企业获得政府补贴的正向作用。企业非生产性支出每增加1个单位，最低可多获得2.6个、最高可多获得6.1个单位的政府补贴。无论新兴企业还是传统企业，企业的能动性对于获取政府补贴的影响都很大。这反映了企业"购买"政府产业政策的倾向。

第二，无论采用当期还是上一期的政府补贴作为被解释变量，新兴产业政策数量 $policy$ 对于政策支持力度的影响在5%的水平下均不显著。这表明，现有数据无法证明政策出台数量与政策实施力度的直接关联。这与李胜会和刘金英（2015）提出的战略性新兴产业政策总体是非失败政策的观点相一致，新兴产业政策优惠变量没有表现出负向作用，是否出台产业政策对战略性新兴产业发展没有显著影响。

表3-2 政策支持力度的影响因素检验

变量	当期政府补贴		上一期政府补贴		当期政府补贴	
	模型（5）传统产业	模型（6）新兴产业	模型（7）传统产业	模型（8）新兴产业	模型（9）传统产业	模型（10）新兴产业
$policy$	0.2427 (0.8233)	0.5125 (0.7976)	0.5562* (1.7800)	0.4742 (0.9023)	0.3439 (1.0547)	0.4198 (0.6704)
DUP	4.2738*** (16.1279)	6.0590*** (16.3381)	2.5760*** (6.9669)	5.6075*** (18.3193)	3.5551*** (11.0219)	-3.3744*** (-7.3178)

续表

变量	当期政府补贴		上一期政府补贴		当期政府补贴	
	模型（5）传统产业	模型（6）新兴产业	模型（7）传统产业	模型（8）新兴产业	模型（9）传统产业	模型（10）新兴产业
policy_dup	0.0120 (0.1456)	-0.1081*** (-2.8776)	-0.0934 (-1.0974)	-0.5541*** (-17.8100)	0.0431 (0.5186)	-0.1646*** (-5.0044)
tpolicy	—	—	—	—	0.0027 (0.0245)	-0.2530 (-1.5134)
tpolicy_dup	—	—	—	—	0.0656*** (3.9264)	0.5111*** (28.7420)
rd	-0.0222 (-0.1076)	0.9016** (2.0269)	-0.0345 (-0.1615)	0.1987 (0.5449)	-0.0151 (-0.0735)	0.8213** (2.1129)
policy_rd	0.0174 (0.5916)	-0.0462 (-0.7181)	0.0308 (1.0135)	-0.0045 (-0.0865)	0.0145 (0.4947)	-0.0241 (-0.4280)
policy_state	-1.3865*** (-2.7267)	-0.9727 (-1.1404)	-2.0543*** (-3.8541)	-0.7830 (-1.1255)	-1.3073** (-2.5642)	-1.4523* (-1.9452)
age	2.6421*** (6.7208)	2.0486*** (2.7712)	3.9919*** (9.6982)	2.1009*** (3.4837)	2.4907*** (4.9748)	3.3200*** (4.0700)
lev	0.0021 (0.0384)	-0.3010** (-2.3707)	-0.0094 (-0.1641)	-0.3519*** (-3.4045)	-0.0043 (-0.0796)	-0.1562 (-1.4070)
lilun	-0.0015** (-2.5276)	0.0112*** (6.4521)	-0.0071*** (-11.1492)	0.0069*** (4.9026)	-0.0017*** (-2.8379)	0.0110*** (7.2697)
yg	0.0011*** (5.0393)	0.0061*** (22.3133)	0.0001 (0.2890)	0.0067*** (30.1349)	0.0010*** (4.9522)	0.0027*** (10.0231)
year	Yes	Yes	Yes	Yes	Yes	Yes
样本量	12988	3142	12172	3130	12988	3142

注：表中数据为变量的回归系数，括号内数值为 t 值，*、**、*** 分别代表显著性水平为 0.10、0.05、0.01。

第三，企业通过非生产性支出获取政策支持的作用发挥受制于政府出台新兴产业政策数量。对新兴企业分组而言，当期政策出台数量与企业非生产性支出的交叉项 policy_dup 显著为负，表明当期出台政策数量越多，新兴产业通过非生产性支出获取补贴的非正式渠道作用就越小。传统产业分组回归中没有发现类似机制。这与直觉相符合，当年政策出台数量越多，新兴产业受到政策支持越规范，企业通过非正式渠道获取政府补贴的空间越小。但出乎意料的是，政策累积数量与非生产性支出的交叉项

tpolicy_dup 在1%的水平下显著为正，表明政策数量累积效应对新兴产业和传统产业无差别地激发了通过非正式渠道获取政府补贴的正向作用。这可能是多年政策数量累积导致了产业政策名目繁杂、涉及部门利益交叉、政策文件指向性不清的问题，给了传统企业为获取政府补贴进行操纵的空间。

第五节 本章小结

本章聚焦政策号召、企业能动性与社会福利需求对战略性新兴产业政策的影响。首先，借鉴保护待售模型进行机理分析，刻画了政府在既考虑政绩压力又考虑辖区整体福利的情形下，如何权衡两者推出均衡的新兴产业政策。在中国情境下，重新诠释了政府官员产业政策决策模型，系统考察了政府与企业之间的互动过程，揭示了产业政策内生决定过程。其次，基于"宏观上谁影响了新兴产业政策的出台数量—微观上新兴产业政策出台数量如何作用于企业"的逻辑思路，从两个维度展开实证检验：一是基于地级市层面的数据检验了政策发布数量与政策时滞的影响因素；二是基于战略性新兴产业上市公司的数据检验了政策支持力度的影响因素。研究发现，战略性新兴产业的政策推进主要取决于中央政策号召、企业社会资本影响以及社会福利需要；政府发布的新兴产业政策数量与新兴产业占经济规模的比重无关，而是依赖政绩压力传导产生的政策号召力；新兴产业的支持力度与政策数量无直接关系，与企业寻租支出呈正相关关系，当期政策数量增多会降低正向关联程度。这反映出在当前环境下产业政策的推进主要靠政策号召，新兴企业对地方的经济贡献难以依靠自身立足，地方政府内在激励不足。强力推行产业政策可能会加剧政企之间的双向寻租。基于上述研究结论，提出以下政策建议。

第一，应当重新审视产业政策，改变政策推行方式，鼓励地方推出能发挥自身优势的特色产业。本章实证检验表明，在绝对政绩压力下政府会多出台新兴产业政策，而在相对政绩压力下辖区经济形势不好又会减少新兴产业政策出台。政绩压力传导下的政策号召力成为新兴产业政策出台的主要考量，新兴产业政策的出台有急功近利的倾向，这会导致各地新兴产业出现高度同质化、低端化发展的问题，与中央制定战略性新兴产业政策的初衷相悖。应当根据地域产业特征制定差异化标准，利用好地区独特的资源禀赋，寻找传统产业与新兴产业互动耦合模式，既要淘汰部分落后产能，又要利用好传统产业的基础，而不搞"一刀切"地推出战略性新兴产业政策作为地方政府绝对政绩压力下的泄压阀。

第二，细化新兴产业的划分标准，增强对新兴产业关注的持续性，在支持其快速发展的同时引导其规范发展，防止政府补贴滥用的扩大化。文中实证部分发现当期政策数量增加，促使支持政策更加规范化，可有效压缩企业利用非生产性支出获得政府补贴的空间。2018年11月7日国家统计局公布的《战略性新兴产业分类（2018）》正是体现了规范化发展的思路，后续应规范战略性新兴产业认定标准，建立及时更新的认定动态机制，防止虚假借壳包装而非真正转型升级的企业滥用补贴，同时将认定机制与动态补贴机制联动，在发展成熟领域探索逐步退出补贴，切实加强补贴使用的有效性，规避企业寻租，实现以企业自身发展为主、政策扶持为辅的良性发展模式。

第三，在推行新兴产业政策过程中，考虑政策的协同效应，加强对社会福利类指标的考核。文中实证检验表明，就业率和土地财政等涉及社会福利的变量在很大程度上会影响政府出台产业政策的数量。产业政策与社会福利之间并不矛盾，在官员晋升考核中加大社会福利比重并不会妨碍新兴产业政策的出台和实施。相反，政府对社会福利的考量越多，对新兴产业的重视程度就越高。

本章基于政企互动的视角，剖析了战略性新兴产业政策制定过程中的影响因素，并考察了实施过程中政策的传导路径。实证检验部分采用文本分析方法，对政策制度进行定量化处理，系统梳理了政策出台数量差异，试图揭开政策制定黑箱，为有效推动新兴产业发展提供经验支持。当然，本章也存在一些不足，如政策文本的收集比较粗糙，仅整理了标题含有战略性新兴产业的政策，并没有做到全文搜索关键词，这也是未来进一步细化研究的方向。

| 第四章 |

区域政策协同影响企业转型升级：
现实意义与理论基础

> 现有研究通常假设各类政策工具相互独立，并能在实现政策目标或消除障碍时形成互补。但实际上，政策组合可能导致不同政策工具之间产生协同或冲突的相互作用，致使政策效果呈现"1+1>2"或"1+1<2"的非线性特征。本章在界定区域政策协同内涵的基础上，从三方面总结了其对企业转型升级的现实意义：一是属地治理的局限性；二是建设统一大市场的必要性；三是协同治理探索的可借鉴性。进一步地，本章从三个维度分析了区域政策协同影响企业行为的理论基础：一是探究央地纵向政策协同影响企业行为；二是剖析区域间政府的策略互动、政策梯度形成机理，重点探讨了地方政府在招商引资政策与环境政策中的博弈行为，着眼于政策梯度形成的机理进行剖析；三是审视区域内政策协同碎片化问题，重点描述了"招商引资'土政策'阻碍环境执法"等顾此失彼式问题的表现形式与产生原因。

第一节 区域政策协同的内涵与量化

一、政策协同概念界定

19世纪70年代，西德物理学家赫尔曼·哈肯（Hermann Haken）在

《协同学：大自然构成的奥秘》中首次提出了"协同"概念，并在《协同学导论》中系统论述了协同理论——整个环境中的各系统之间存在既相互影响又相互合作的关系。同时，田培杰（2014）指出，协同治理具有公共性、多元性、互动性、正式性、主导性、动态性的特征。社会现象也是如此，例如，各级地方政府在环境治理中存在相互配合协作与影响制约的关系。

自20世纪30年代的大萧条以来，福利主义和凯恩斯主义等国家干预主义逐渐成为西方国家主流的社会管理理论。在各级政府对社会经济活动进行干预和控制的过程中，出现了各级政府以及各个部门之间政策不协调的现象。70年代，随着新公共管理运动在西方国家的兴起，企业管理理念被引入政府部门，分权式管理取代了原有高度集中的等级制组织结构，它在公共部门内部和公共部门之间创造了一个竞争性的环境，有效提高了公共行政效率。但新公共管理运动在引入竞争机制的同时，却忽视了部门之间的协作，使得部门权力碎片化，造成了公共服务的困境。美国在1975年出版的《公共行政评论》中以"政策管理"为主题讨论了联邦政府之间的政策不协调问题（Burgess et al.，1975），同时进行了充分的调查论证。90年代末，英国学者Perri Six对新公共管理改革中产生的碎片化管理及协调整合问题进行了深入分析，在其《整体政府》一书中提出了强调政府跨部门协作以实现共同目标的整体政府理论。随后，英国政府为了实现政策协同，将"整体政府"理念写入《现代化政府白皮书》。世界经合组织在借鉴美国"政策管理"、英国"整体政府"的具体实践和理论发展成果的基础上提出了"政策协同"概念。澳大利亚、希腊、加拿大等国也开始改革政府体制，促进政策协同实施。到这里，政策协同理论被正式纳入新公共管理理论体系。

在理论与实践中，政策协同有多种近似的名称，如"政策整合"（policy integration）、"一致性政策决策"、"政策组合"、"跨区域政策决策"等，形成了名目繁多、侧重点各不相同的概念谱系（申剑敏、朱春奎，2015）。Lee等（2011）和Carley（2011）将政策协同界定为政策之间的组合或配合。Meijers和Stead（2004）倾向于使用"跨区域决策"的概念,认为政策协同应是多方政府主体在跨区域问题的处理上进行协同。Camarero和Tamarit(1995)则使用"一致的政策决策"概念,认为政策协同是解决政策冲突,最终形成一致性政策的过程。Mclean Hilker(2004)认为,政策协同主要是政府部门之间通过"相互交流对话"解决政府之间的冲突状态,实现协同的过程。综上所述,虽然对政策协同的说法不一,但实质基本相同,其内涵可以表述为:不同政府主体,通过沟通交流的方式使其政策互相兼容与配合,确保共同目标的实现不被一个或多个政府主体的政策妨碍或制约,形成区域统一政策的过程。

二、政策协同特征与分类

政策协同的定义可以从过程、目标和能力三个维度展开。过程论认为政策协同是一个动态过程,政策要素在其中相互配合发挥作用。Rogers等(1982)提出,政策协同是多个组织在相似任务环境下创造或利用规则的过程;Burns(2002)指出,政策协同是多个政策相互匹配的过程。目标论则强调政策协同是政策实施最终所要实现的预期目标。Peters(1998)提出,政策协同是政策最后达到的一种最小冗余、最低不一致、最少损失的有序目标。换句话说,政策协同最终会形成并非独立微观子系统简单相加的宏观系统功能。与过程论和目标论相比,能力论倾向于将政策协同视为一种内在能力,Metcalfe(1994)提出,政策协同是使政策执行的整体效果好于各部分简单加总的能力。Matei和Dogaru(2013)认为,政策协同是指赋予公共政策以战略特征并确保决策模式一致性的能力。显然,这三个定义范式之间存在着一定的逻辑继承关系,它们在强调预期目标、动态过程和内在能力的同时,共同体现了"政策的一致性和整体卓越性"这一核心理念。

从政策协同的结果来看,可以分为形成区域统一政策、在一个主体政策发布的情况下进行的政策选择以及各主体间多向互动而形成的政策联盟。后两种政策协同,主体必然会倾向于增长其自身利益,这会使整体利益最大化目标的实现面临较大不确定性。为了增进整体利益和各主体利益,必然需要在各主体政策制定的过程中进行协同,而不是在后期进行政策选择。因此，本章只研究政策协同的结果为形成区域统一政策的情况。

从政策协同的逻辑结构来看，可以分为横向协同和纵向协同两个维度。前者是指同层级行政单位之间的协同，如各省之间、同级政府下各部门间的协同（魏娜、孟庆国，2018；黄萃 等，2015）。后者是指不同层级政府之间的协同，如中央与地方之间、上级部门和下级部门之间的协同（Zhang et al.，2019）。

回顾已有研究可以发现，在政策协同领域，国内外研究成果颇丰，主要集中在区域统一政策影响宏观政策目标实现的协同分析上（尤其是科技和经济政策的协同）。罗富政和罗能生（2016）从省与省之间的政策协同性角度来探讨区域经济增长问题。周小刚等（2010）则从政策协同的角度对中国一元化户籍改革机制进行研究，并提出五个方面的政策协同。在环境规制政策协同方面，阳镇等（2021）主要研究央—地产业政策协同对微观企业创新绩效的影响。胡志明等（2022）基于"政策目标—政策工具"分析框架对中国制造业转型升级政策的纵向协同性问题进行研究。王延杰（2015）从京津冀金融领域的政策协同角度来分析如何应对大气污染防治问题。谢宝剑和陈瑞莲（2014）研究区域联动治理应对区域大气污染的问题，提出区域联动治理是应对区域大气污染的必然选择。

三、政策协同量化方法

部分学者对政策协同采用政策文本分析的方式进行了刻画，代表性学者有仲为国、彭纪生、张国兴。仲为国等（2008）、彭纪生等（2008）、仲为国等（2009）等对政策量化和政策协同的测量做出了开创性探索，给出了政策量化分析的工具手册。主要思路如下：首先，从政策力度、政策措施与政策目标三个维度将1978—2006年的422项技术创新政策进行了量化。其中，政策力度是依据政策的颁布部门级别赋分、政策措施和政策目标是根据政策文本内容进行编码归类赋分。其次，以排列组合的方式构造了政策措施协同和政策目标协同变量。基本理念是：若一条政策的政策力度大，政策措施具体详细或政策目标明确，则政策措施协同度或政策目标协同度高。张国兴等（2014）采用同样的处理方式对1978—2013年的节能减排数据进行了政策协同程度的量化分析。张国兴等（2017）使用1997—2013年施行的1052条节能减排政策检验了政策措施与政策目标协同对节能减排效果的影响，该文与上述研究中将政策措施协同度与政策目标协同度分开测算有所不同，强调的是政府将政策措施与政策目标协同组合使用的情形，认为若一条政策的政策力度大，政策措施具体详细并且政策目标明确，则政策措施与政策目标协同度高。还有部分学者对政策之间的关系进行了量化分析。李伟红和柴亮（2014）利用河北省376家企业的创新政策调查数据，提出了一个能够对创新政策工具互补性进行测试的框架。

第二节　区域政策协同对企业转型升级的现实意义

一、属地治理模式难以应对跨界性问题

粗放型的发展模式已经制约了经济发展水平，高质量发展是中国未来重要发展战略。为此，政府制定了一系列的政策来促进大量传统污染企业的转型升级，包括环境治理政策和产业扶持政策。这些政策大多是以行政区域边界为基准的属地治理。以属地治理为基础形成的晋升锦标赛制度被认为是中国经济得以迅速发展的制度性因素，但其在跨界问题的治理上却尽显局限性，最典型的表现是在区域性环境污染治理问题上。属地治理模式的局限性导致了对"污染企业跨界污染而不是转型升级"问题治理效果有限。

从地方政府的角度来看，属地治理模式是传统环境治理采用的模式，《中华人民共和国环境保护法》明确规定"地方各级人民政府应当对本行政区域的环境质量负责"。地方政府在环境治理中承担责任有其合理性，主要是由于环境问题具有外部性，存在市场失灵，"看不见的手"难以调控纠正企业等主体的行为，这时候政府应发挥"看得见的手"的作用弥补市场失灵。政府发挥作用时由地方政府来执行可能更有效率，因为其更了解辖区的实际情况和本地主体的偏好（Oates，1999）。但是，由于环境污

染的外溢性特征,如大气污染和水污染通常不会仅仅局限于行政边界以内,具有跨区域的特征。虽然表面上是涉及的区域都有环境治理的责任,但由于责任界定不清、成本分担不明确,极易造成地方政府滋生"搭便车"动机,产生"三个和尚没水吃"的责任分散效应。大量文献已经多次证实上述结论。龚宏龄和吕普生(2021)指出,污染涉及的地方政府之间更倾向于使自身利益优先的分利型关系。袁凯华等(2014)指出,即使把环境治理指标加入地方官员的考核体系中,由于责任界定的困难,也难以实现有效的环境治理,甚至反而会强化地方政府的策略性行为。高明等(2016)认为,属地治理模式下中央政府难以约束地方政府的"搭便车"行为。除了不作为的策略性选择,还出现了"以邻为壑"的竞争行为。比如,近年来诸多研究证实的行政边界地区污染聚集问题(Cai et al.,2016;Kahn et al.,2015)。

从企业的角度来看,企业的策略应对导致各自为政的属地治理效率较低,影响了高质量发展战略的实现。以大气污染治理为例,政策如果能够倒逼污染企业转型升级,则达成预期。实际情况却是,地方之间环境规制差异形成的"污染避难所",为污染企业以跨区域转移规避环境规制的策略行为提供了空间,抵消了单边治理效果,进而制约生态环境的整体改善。有较多文献证实了"污染避难所"效应的存在性。Chen等(2018)认为,区域间环境规制强度差异促使污染活动从高规制强度的下游转移到了低规制强度的上游,导致了长江流域的水质恶化。周浩和郑越(2015)发现,高强度环境规制显著抑制了新建制造业企业的迁入。在美国也有类似发现,在《清洁空气法案》实施后,同类行业在治污成本高的郡新增企业数量比治污成本低的郡低 26%~45%(Becker and Henderson,2000)。胡志高等(2019)描述了一个典型污染转移的案例:上海环境规制要求严格,限制 $PM_{2.5}$ 的排放;而同属长江三角洲地区的安徽环境规制要求相对宽松,只限制 PM_{10} 的排放。这种环境规制政策上的差异导致上海的污染企业转移到了安徽,而安徽的空气污染又扩散到了上海。因此,有效环境治理问题需要从属地治理模式向区域协同治理模式转变。

综上所述,环境治理的外溢性特征注定了环境治理应当从整体入手,局部治理难以取得成效。地方政府的政策协同会产生"1+1>2"的协同收益,但这些收益并不能确保政策协同的出现,可能会出现所谓的制度性集体行动困境(温雪梅,2020)。对于期望环境规制政策能够发挥"波特效应"实现促进企业转型升级的目标来说,离不开区域环境政策协同。胡志明等(2022)指出,制造业转型升级涉及的领域非常广泛,与其相关的政策目标非单个部门能顺利实现,需要跨部门之间相互协调。因此,企业转型升级需要政策协同来推进。

二、统一大市场建设需要破除制度层面碎片化

加快构建国内统一大市场作为推动我国经济高质量发展的关键途径,为促进国内市场良性循环,构建双循环新发展格局提供了坚强支撑。我国经济发展主要依赖庞大的人口资源所形成的规模优势,但由于市场规则的不完善和地方保护主义盛行,市场效率和规模效益受到了影响,作为发展国内统一大市场的重要载体,超大规模国内市场的潜力无法充分发挥出来。因此,打通制约经济循环的关键堵点是全面推动我国市场由大到强,促进我国市场一体化的必要方式。

当前阻碍我国经济发展的制约因素主要体现在制度层面的碎片化,即市场基础制度规则不统一,分割严重。这主要体现在以下三个方面:一是制度地域管理差异化。我国不同省份的市场制度在管理细则、覆盖范围、权力细分标准等方面不统一。以权责清单为例,我国对清单模式没有强制要求和严格划分,因此不同省份的模式并不相同,如权力分类标准仅给出参照标准"9+X"类,具体由各个省份自行决定,虽有较强的灵活性,但对政府而言过于分散,难以管理;对市场而言,效能发挥受到了限制。并且各地制度落实差异较大,政策改革难以发挥出最大效用。二是部门衔接缺乏协调。以行政分权为主的分层次行政体制是对市场进行宏观管理的重要手段。但分权后市场制度呈现出层级化、部门化过于突出等现实问题。一方面,上下级政府部门事权模糊,对共有权力事项未能进行详细的归属性划分和细节性梳理,进一步导致制度呈现出上下关联性较弱的特点,阻碍了要素和资源市场的统一。另一方面,同级部门间的协调互动机制缺失

是导致市场制度碎片化的诱因之一。在未能明确界定各个部门职权范围的情况下,"权力打架"现象较为普遍,部门间的职责不清、职能交叉现象层出不穷。这些"隐形壁垒"会对市场运作的生产、分配、流通、消费等各个环节造成影响。三是市场和政府关系难以平衡。如行政性分权一方面能激发地方政府的积极性,促进地方市场经济发展;另一方面会形成地方保护主义,造成市场分割,阻碍其良性竞争和基础性作用的发挥。因此,在市场和政府之间保持动态平衡是统一大市场建设的前提条件。

由此可见,破除制度层面的碎片化需加强政策的协同性,坚持立破并举,高效规范地实现制度"整体化"建设,为统一大市场建设提供制度保证。第一,需建立统一与微调相容的制度管理。要想破解制度地域差异过大的困境,提高政策效果的权威性和精准性,最有力的举措就是设计以全国统一制度大框架为主、地区微调为辅的制度规则。当前,我国市场基础制度设计框架较大,笼统的弹性条款较多,而过于冗长、难以操作的制度条款很难起到有效激发市场活力的作用。因此,一方面,制度的确立应当以简洁、清晰的条款为主,需在促进市场经济发展和保证经济安全之间取得平衡,以提升全国互通互认互用的效力;另一方面,在保证全国各地皆可实施的制度基础上进行相应的地区化差异调整。我国地域辽阔,各地的资源禀赋、发展程度等都存在差异,因此,在统一的大制度框架下给予地方一定的微调空间是不可忽视的。地方性差异不仅能促进地方市场的经济发展,而且能保证制度的完整性,提高政策实施效率。第二,需构建上下联动、左右协调的制度体系。制度碎片化最直接的体现在于实施部门之间的分散化,各层级、各部门之间的"权责冲突"现象会引发政府管理的低效率、高成本,甚至会助长官僚主义和形式主义。因此,构建权责互嵌制度体系是强化各级各部门之间的协调性,加强上下左右各部门相互内洽的重要途径。以政策要求为基础,从根本上厘清各级各部门的权责关系并逐一细化,确保事前、事中、事后的每个环节都有相应的权责部门处理,避免权力、责任无法明晰现象频频发生。第三,需设计市场和政府之间的动态平衡机制。统一大市场建设最主要的就是促进市场发挥出最大效用,同时让政府进行有效补足。近年来,我国采取了许多方式力求纠偏市场化改革不足和过度的地方，如采用"撤县设区"和"省直管县"两项政策进行分权，以探寻市场和政府的作用平衡点。但此平衡点并非静止不变，而是一个动态管理机制，制度体系的确立需考虑现实状况。如"撤县设区"和"省直管县"都是分权改革，但前者会通过提高政府的统筹能力，加剧市场分割；而后者会通过削弱政府的干预能力，减少市场分割。因此，应以现实情况为前提，加强政府和市场之间的动态管理，促进市场发挥资源配置基础性作用，为建设统一大市场提供强大推动力。

三、协同治理模式探索提供了可借鉴的成功经验

我国政府对地区之间的协调发展高度重视，党的十九大报告中明确提出要"实施区域协调发展战略"。《京津冀协同发展规划纲要》《粤港澳大湾区发展规划纲要》《长江三角洲区域一体化发展规划纲要》正是这种战略的具体体现，且取得了良好的发展效果，尤其是在经济合作方面。近年来，我国的城市群开始向"一体化"方向发展，由府际联席会发挥桥梁作用，使得各城市之间展开了更加密切的合作。长三角以及珠三角等地区的发展已经充分证明了区域协同可以对其参与主体的发展起到积极的促进作用，形成中心带动非中心地区发展的局面。长三角在区域合作方面实施得最早且最成功，成为区域合作的典范。

除了区域整体协作促进经济发展，我国部分区域在公共服务协同治理上进行了有益的探索，取得了一定的成绩。其中，大气污染协同治理和水污染治理的河长制最为突出。在大气污染协同治理方面，1998年，我国划分了"两控区"来应对酸雨治理问题，这是我国大气污染区域联合治理的雏形。2013年，京津冀区域首次展开对大气污染的联合治理。2014年1月，长三角地区成立了大气污染防治小组。同年3月，珠三角区域开始协同治理大气污染。此后，我国的三大经济圈在大气污染联合治理方面均建立起协调机制。2010年5月颁布的《关于推进大气污染联防联控工作改善区域空气质量的指导意见》首次从法律法规上提出了使用协同治理的方法来处理大气污染问题。之后颁布的《国家环境保护"十二五"规划》《中华人民共和国大气污染防治法》也提出建立大气污染联防联控制度。在水

污染治理方面，河长制的制度创新也取得了极好的效果，实现了水污染流域化的协同治理。河长制最早是无锡市政府为了解决太湖的"蓝藻污染"于2007年在《无锡市河（湖、库、荡、氿）断面水质控制目标及考核办法（试行）》中提出的。河长制的具体做法是，每条河流都任命专门的负责人（通常是各级党政主要负责人），并将该负责人对河流的治理效果直接与其政治绩效挂钩，极大地激发了政府官员在治理水污染上的积极性。由于这种开创性的政策效果极佳，该政策便相继向各个地区扩散。王班班等（2020）对河长制的政策创新"向上扩散"和"平行扩散"两种扩散方式进行了深入分析。

综上所述，这些整体层面以及针对具体问题的协同治理模式探索，为后续解决复杂跨区域问题的协同治理提供了可借鉴的成功经验。企业转型升级问题同样可受益于这些经验，因为对传统污染企业而言，其转型升级激励效果的好坏，在很大程度上取决于政策能否有效抑制企业"异地转移和转向虚拟经济"的策略性应对行为。

第三节　区域政策协同影响企业行为的理论基础

目前，对于区域政策协同的相关研究主要从两个方面进行，包括区域政策协同的影响因素研究和区域政策协同影响企业行为研究。

一、区域政策协同的影响因素研究

1. 制度经济学分析

政策协同成效会因制度环境不同而产生显著差异，制度安排是集体行动的核心要素。制度分析作为重要研究方法被诸如公共行政等学科纳入各自的研究范畴，认为制度是地方政府政策协同的关键因素。针对中国具体情境来说，区域政策协同的制度因素包括以下理论：财政分权、地方发展型政府、官员晋升锦标赛等。

改革开放40多年来，中国经济取得了长足的进步，很大程度上要归功于市场化改革和经济管理权力下放（刘志伟，2021）。1994年建立的分税制财政分权体制塑造了如今的央地关系。从本质上讲，以财政分权为核心的经济管理权划分实现了中央与地方政府之间行政权力的重新配置。经济管理权大致可分为财政性分权和行政性分权两类。其中，财政性分权主要研究财政制度安排和公共品的供给；而行政分权则主要指政府为社会经济事务设定规则的权力（姚东旻、张诗琪，2017）。在财政分权改革对经济的影响方面，其积极意义在于激发了地方政府独立的利益诉求，拓展了地方政府的自主决策空间，使地方政府成为辖区经济发展的主导力量，有力地推动了中国经济的快速增长，由此形成了"中国特色的财政联邦主义"（Qian and Weingast，1997）。与此同时，由于地方政府利用经济管理权限过度干预市场影响了经济增长的质量，产生了负面效应。刘志伟（2021）认为，造成这种问题的根源是央地之间的经济管理权未能有效协同：一方面是地方政府对中央政策选择性地不完全执行，表现为诸如政策敷衍、政策替换、政策误用、政策附加等问题，产生原因是地方官员个人私利、政策理解不到位、政策不符合当地实际；另一方面是中央政府向地方政府让渡经济管理权所采用的方式是行政性而非法律性、具体的而非系统性、单向性而非互动性的，中央政府可以随时随地对地方管理权的下放进行调整。财政联邦主义指出，中央政府和地方政府是一种讨价还价的非合作关系。姚东旻和张诗琪（2017）通过构建包含中央政府、中间政府和基层政府三个层次的博弈模型，探讨了最优行政性分权的边界，为"简政放权、放管结合"中的"放权"提供了思路，认为放权主要是为了减少中央政府的负担和提升效率，但是需要对下级政府的权力进行监管，防止权力滥用。除了纵向央地关系的不协调问题，行政性分权还导致了地方保护主义和横向城市之间的市场分割问题，在对产品市场、原材料市场、资本市场的研究中均可见到地方保护主义问题（贺颖、吕冰洋，2019）。比如，地方政府为了保护本辖区企业通过行政手段设定市场准入壁垒、优先采购本地产品等。

中国特色的财政联邦主义使得财政收益最大化成为地方政府追求的目标，最终形成了地方发展型政府。地方发展型政府，是指地方政府以服务于本地区经济发展为宗旨，对本辖区产业发展提供扶持，承担经济发展的责任并将其作为合法性依据（郁建兴、高翔，2012）。地方发展型政府的形成有着其背后的历史逻辑。自1994年分税制改革以来，地方政府逐渐完成了从"代理型"向"谋利型"的角色转变，进而形成了以推动经济发展为主要目标的地方发展型政府。在此过程中，户籍改革和土地财政逐渐成了地方发展型政府谋求经济增长的两大重要手段。地方发展型政府在地方产业成长中发挥了不可替代的积极作用。从制度基础方面来说，地方发展型政府处于更强势的决策地位，领导了本地产业和经济的发展，为了大力发展经济，地方发展型政府改革了地方政府官员的激励结构。从组织基础方面来说，地方发展型政府对当地市场经济的核心领导地位有利于经济战略的制定和执行。市场机制在协调过程中可能会出现失灵的情况，让地方之间的合作陷入"囚徒困境"，无法实现整体收益的最大化，这就需要政府治理来介入。地方发展型政府带来的弊端在于，由于中央政府横向和纵向问责机制存在局限性，对地方政府的外在约束相对有限，这进一步扩大了地方政府行为的自主空间。在此情况下，经济增长和财政收益最大化成为地方政府的首要目标，导致政府职能无法得到全面履行，例如对公共产品供给的忽视。同时，发展型政府所推动的经济增长最终会受到劳动力错配和土地错配的限制，这种增长模式难以持续。此外，忽视社会建设以及未能提供均等化的公共服务也使得地方发展型政府备受质疑。这些弊病也要求发展型政府向地方服务型政府转变，转变的关键是对市场主体提供均等化的公共服务，政策更多地采用间接引导而非直接干预，实现行政机制、市场机制和社群机制相互补充、相得益彰（顾昕，2017）。

自改革开放以来，中国经济长期维持高速增长。这一成就举世瞩目，然而，若只是将经济增长的条件，如物质资源、技术创新能力等，与其他国家进行横向对比的话，中国并无显著优势。从常理来看，在这样的条件下实现经济的高速增长似乎并不容易，但中国却恰恰实现了这种奇迹。有学者认为，其中一个重要因素是中国的制度安排导致了政府官员的"晋升锦标赛"机制（Li and Zhou，2005）。所谓"晋升锦标赛"机制，是指政府官员作为参赛者共同参与竞争，竞争的目标是获取在整体中更高的"相对名次"，而非绝对成绩。在这一机制下，参与者为了超过其他参与者会付出更多努力，从而形成一种激励效果。那些积极进取的地方政府官员，为了获得职务晋升，会致力于发展地方经济或提升其他评价指标，并与其他地方政府官员展开竞争。"晋升锦标赛"的积极影响是，该机制的存在使得上级部门通过一些经济发展指标筛选符合条件的政府官员作为升迁的"候选人"，激励其关注本辖区的经济发展，主动探索改革路径。中央可根据各地改革情况做出评价，选出更适合中国特色的发展道路，促进中国经济更好更快发展。"晋升锦标赛"也存在着诸多消极影响，在该机制作用下，政府官员在进行决策时除了考虑经济发展因素，还会考虑政治因素，甚至在某些情境下考虑政治因素多于经济因素，由此就会导致一些地区的产业同构化和地方保护主义问题。这种地方政府官员之间表面合作却暗地竞争，且视对方为对手的情形无疑会阻碍地区之间的政策协同效应，最后导致政策上各自为政，经济上两败俱伤。"晋升锦标赛"还会使政府官员过度关注可观测指标，如基础设施建设，辖区内投资增长等，而忽视民生建设，对政府预算造成一种"软约束"。

2. 制度性集体行动框架

制度性集体行动（Institutional Collective Action）框架是由 Feiock 在一系列文章中提出的，其目的在于解释地方政府协同的类型和动机。作为一种用于研究和理解政策与治理的框架，制度性集体行动框架着重关注碎片化系统中决策的外部性，并整合了集体行动理论、组织交易成本理论、公共经济框架、社会嵌入网络理论和政治市场政策设计理论等多方面的要素。姜流和杨龙（2018）系统梳理了该理论的基本内容，他们指出，协调能够降低所有受影响政府的平均成本，这是因为政府之间不会在各自较小的地理区域内重复建设昂贵的基础设施，进而创造出了兼容的激励机制。

制度性集体行动框架指出，除非收益大于成本，否则区域合作就无法进行。但是，实际上协同收益低于协同成本的情况经常发生，导致政策协同失效。为了应用政策协同失效的局面，同时解决集权带来的问题，近年来，项目制竞争和"指标考核"已成为激发地方政府积极性的常规治理形式，用来缓解集权造成的"缺乏灵活性"问题。在上级政府的压力下，地方政府努力显示自己的政绩，激发了其谋利动机。为了减少在跨地区事务中的损失,地方政府特意制造了"区域分裂化"的迹象。比如在跨区域项目审批上设置障碍、限制本地资源流出、对跨地区合作企业采取差别对待政策等。

二、区域政策协同影响企业行为研究

1. 央地纵向政策协同对企业行为的影响

对于纵向政策协同的重要性已有不少学者做出了论述。比如,Del Rio (2014) 提出了评估复杂政策组合成功与否的理论和方法框架,认为政策组合必然会导致不同工具之间冲突抑或协同的相互作用。冲突是横向的(不同类型的工具之间)和/或纵向的(不同行政级别之间)。在此理论基础上,胡志明等(2022)认为,制造业转型升级的央地纵向政策不协同问题是未来政策制定中的重要问题。

目前,区域政策协同影响企业行为的研究大多聚焦于"央—地"纵向协同。阳镇等(2021)主要研究央—地产业政策协同对微观企业创新绩效的影响,发现央—地产业政策协同显著促进了企业创新,为该领域的实证研究提供了有力支撑。胡志明等(2022)基于"政策目标—政策工具"分析框架对中国制造业转型升级政策的纵向协同性问题进行研究,从理论分析框架层面拓展了其对央地纵向政策协同的认知。还有一类研究探讨了垂直纵向制度建设和改革对企业行为的影响。吴建祖和王蓉娟(2019)认为,环境规制效力随着行政层级的递减而逐渐弱化,环保约谈由中央高位推动,通过诫勉行政层级较高的"条"和警示行政层级较低的"块",可以有效提升环境执法的效力。龚宏龄和吕普生(2021)指出,环境治理具有"央地共治"的特征,尽管在食品药品安全、工商质监等领域的行政改革趋向是将执法权下放到市、县等行政层级,但考虑到环保的重要性和治理效果,环境治理却是由"属地管理"转变为"垂直管理"的"逆流而上"。韩超等(2021)认为,中央政府的环境规制未达到预期效果很重要的原因是"地方政府规制偏向",其利用 1998—2010 年中国工业企业数据验证了环境规制从属地治理到垂直改革转变显著抑制了市级和县级污染国有企业的产出增长率。

2. 区域间政策协同对企业行为的影响

区域间政策协同是与地方政府竞争相对的概念，因此讨论区域间的政策协同必须在理解地方政府竞争理论的基础上进行。地方政府竞争，是指特定区域内不同地方政府通过税收、财政支出和环境规制等方式提高自身竞争力的行为。黄睿（2009）按照地方政府竞争的性质将其分为三类：外溢效应式竞争、模仿式竞争和标尺竞争。外溢效应式竞争强调了地方政府的政策外部性，某地政策会对邻地产生影响；模仿式竞争是指地方政府之间互相学习模仿，采用与其他地方近似的政策；标尺竞争是指对一地政府的评价会将其他地方政府作为基准，因此两地政府会展开竞争。财政分权和晋升激励为地方政府竞争提供了动力，在此影响下，政府之间的恶性竞争多于合作，"以邻为壑"的博弈普遍存在。

地方政府竞争在税收、财政补贴、产业政策等多个方面均有展现，随着环境治理被纳入官员晋升考核体系，在环境规制方面的区域间竞争尤为典型。当中央将 GDP 作为官员晋升的首位指标时，地方政府官员在追求经济增长和个人晋升方面的激励相容，这促使地方政府积极推动经济发展。当环境问题被纳入官员晋升考核指标时，环境问题治理成本不确定、外溢性高的特点使其不容易成为确定性的政绩来显现，并且可能有损于辖区经济的增长和财政收入的扩大。地方政府官员有动机在环境规制的执行上采取策略性行为，在个人利益和政治压力中相机抉择，既不会不执行，也不会完全执行（张振波，2020）。常见的策略行为类型被总结为逐底竞争（race to the bottom）和逐项竞争（race to the top）。前者也被称为"竞次到底"，指地方政府为了吸引资金流入本辖区竞相降低引资质量与环境规制执行标准。后者也被称为"竞相向上"，指地方政府出于"邻避效应"避免本辖区的污染竞相提高环境规制要求。

区域间竞争导致区域间环境规制程度存在差异，主要体现在以下几个方面：第一，从政府环保目标来看，省际差异是存在的。比如，在"十一五"规划中的减排任务分配就存在明显省际差异（Wu et al.，2017）。第二，从立法层面来看，1990 年以来，中国各省份与环境监管有关的地方性法规和条例呈现出较大的地区差异（包群 等，2013）。第三，从执法层面来看，众多文献证实了我国环境规制的不完全执行具有普遍性，环境规制区域间竞争存在"逐底竞争"或"标尺竞争"等策略性互动行为，导致区域间环境规制存在差异（张华，2016）。

这些区域间环境规制的差异，使得不同区域政策间的竞争性日渐凸显，影响企业选择转型还是转移。地方政府间的竞争行为使得企业除了转型升级之外还可以通过空间转移拓展生存空间（唐飞鹏，2016），企业转型政策的有效性受到挑战。环境规制差异是否导致了企业迁移至"环境规制洼地"？即使环境规制存在差异，也无法推导出企业必然会迁移。实际上，企业尤其是纳税大户在应对环境规制时具有较强的谈判能力，在与环保部门的博弈中能获得较大的弹性生存空间（席鹏辉，2017），空间迁移仅仅是其战略备选项。但也有较多文献证实了"污染避难所"效应的存在性。Chen 等（2018）认为，区域间环境规制强度差异促使污染活动从高规制强度的下游转移到了低规制强度的上游，导致了长江流域的水质恶化。沈坤荣等（2017）认为，区域环境监管政策之间缺乏协调导致环境污染的就近转移。金刚和沈坤荣（2018）更进一步地将"波特效应"和"污染避难所"两者同时纳入分析框架，发现生产率较低的企业选择污染转移而非转型升级，削弱了波特效应的积极作用。

3. 区域内政策协同对企业行为的影响

复杂政策组合的成功必须考虑到同一行政级别政策之间的相互作用。同级政府的行政机构（部委）可能会有不同的目标，基于此，会支持实施相互影响的不同工具。比如，环保部门和招商部门之间的目标可能存在冲突，环保部门从环境污染治理的目标出发阻止重污染企业的迁入，而招商部门为了完成更高金额的招商目标对重污染企业网开一面，这体现了部门间目标冲突的情况。即使不存在冲突，也有可能需要不同部门相互配合才能实现复杂目标。比如，政府采购部门可能更关注企业生产的产品是否符合采购规格要求，而科技部门更关注企业的研发创新，两者相互配合才能更好地发挥政府采购促进研发创新的政府职能。对于制造业转型升级的促进政策来说，应构建多层干预矩阵形成产业政策组合（李景海，2019）。

区域内政策协同效果差异显著，影响企业转型升级的时机和速度。由于各部门利益出发点不一致，不同部门政策间存在冲突与矛盾，进而影响政策的实施效果。目前，已有学者对创新政策、节能减排政策、新兴产业政策中的此类问题展开研究（韩超 等，2016；彭纪生 等，2008；张国兴 等，2015）。然而，企业转型升级政策协同的效果尚未得到足够关注，实际上，引资政策与环境政策的协同结构能够通过企业调整成本，左右企业选择转型的时机。

此外，同一政策措施内的不同工具组合效果存在差别，这种差别会对企业转型升级的力度产生影响。已有学者对不同类型政策工具的协同配合问题进行了探讨。其中，李振洋和白雪洁（2020）分析了鼓励型和限制型两种类型产业政策协同对于企业转型升级的影响，研究表明，限制型政策对创新的挤出效应可由鼓励型政策补充缓解，鼓励型政策带来的投资潮涌可由限制型政策缓解，只有两者协同互补，才能有效促进企业转型升级。

第四节　本章小结

本章在界定区域政策协同内涵的基础上，从属地治理的局限性、建设统一大市场的必要性、协同治理探索的可借鉴性三个方面总结了区域政策协同对企业转型升级的现实意义。基于此，本章从三个维度分析了区域政策协同影响企业行为的理论基础：一是分析央地纵向政策协同对企业行为的影响；二是剖析区域间政府的策略互动及政策梯度形成机理，重点探讨地方政府在引资政策与环境政策上的策略互动行为，进而深入分析政策梯度形成的内在逻辑；三是研究区域内政策协同碎片化问题，着重阐述"招商引资'土政策'阻碍环境执法"等顾此失彼式现象的表现形式与成因。通过以上系统梳理，为后续实证研究奠定了坚实的理论基础。研究发现，鉴于企业转型升级涉及部门多、外部性强、策略性应对方案多等特点，激励政策设计的理论与实践应聚焦于地方政府之间的政策协同。这种治理思路具有较强的包容性，能够有效缓解科层制的弊端，助力政府部门获取其控制范围之外的信息与资源。

| 第五章 |

区域间政策协同对企业转型升级的影响：
直接效应检验

本章主要探讨了区域间政策协同对企业转型升级的促进作用。经济的高质量发展除了需要促进新兴产业发展，还需要推动存量企业的转型升级。企业转型升级的复杂性决定其需要区域间政府协同来完成。但现有文献对于政策协同治理影响企业的微观效应尚未充分关注。本章基于中国2007—2016年上市公司数据，从省内城际、城市群、省际三个维度度量了区域政策协同程度，并手工收集数据进行了补充度量，以此为基础分析了政策协同治理对于企业转型升级的影响效应及其内在机制。研究发现，区域政策协同对企业转型升级具有显著促进作用，区域政策协同程度越高，企业的全要素生产率越高。机制分析表明，政策协同治理主要通过抑制污染企业异地转移、促进企业研发创新和数字化应用的机制提升企业全要素生产率，但并未通过抑制企业金融化发生作用。异质性分析发现，当企业内部控制水平越高、风险承担能力越强时，政策协同治理对企业全要素生产率的促进作用越显著。本章丰富了政策协同微观治理效应的研究，为找准区域联合促进企业转型升级的方向和实现高质量发展的制度建设提供了理论支撑。

第一节 区域间环境规制协同如何影响企业转型升级

近年来,中国经济已步入增速放缓期,随着人口红利的消失以及能源短缺、环境污染约束的增加,支撑经济高速增长的传统源泉正在逐渐枯竭。党的十九大报告明确指出:"我国经济已由高速增长阶段转向高质量发展阶段。"党的十九大后首次中央经济工作会议强调,推动高质量发展是当前和今后一个时期确定发展思路、制定经济政策、实施宏观调控的根本要求。围绕这一顶层设计,各级政府陆续出台了一系列推动经济高质量发展的产业政策,目前已经形成了覆盖中央、省、市三级政府的庞大政策体系。

经济的高质量发展离不开高质量企业的支撑,除了需要促进新兴产业发展,还需要盘活存量,推动存量企业完成转型升级。由此可见,企业转型升级已成为实现经济高质量发展的必由之路。当前,转型升级已经成为转变经济发展方式、转换经济增长动能、提升制造业核心竞争力的必然选择。从中央到地方的各级政府都陆续出台了一系列政策,借以推动制造业企业转型升级,实现高质量发展。企业转型升级的复杂性决定了只依靠企业自身力量是难以实现的,还需要政府政策的支持和推动。但是,属地政府的地方性政策难以顾及整体,并且企业对政策的策略应对行为会抵消其积极效应,因此需要多个政府部门联合出台区域政策,以达到协同治理的目的。

从公共管理理论的角度来看,环境污染治理具有天然的协同治理特点:首先,污染的流动性(如流域水污染、跨界大气污染等)、污染源和污染企业的复杂性以及公共事务的规模化态势,使得任何单一部门都无法独立完成环境治理任务,迫使地方政府部门在环境治理中由"单打独斗"向区域协作模式转变;其次,不同部门的综合努力将形成合力,并具有规模效应,协作结果将明显优于各部门单独努力所能达到的效果。

在单一部门进行环境治理时容易出现以下问题,使得环境政策不能发挥推动企业转型升级的效果：首先，当污染企业位于多个行政区域交界处时，地方政府可能出于经济利益等方面的考虑，各自为政、互相扯皮推诿、推进不力，从而出现治理真空等现象；其次，由于部门专业化分工的特点，单一部门可能无法有效完成复杂的环境治理任务；最后，改革开放以来，各类生产要素在市场经济条件下自由流通，污染企业可以通过跨行政区域转移的方式，在政策较宽松的行政区域开展生产经营活动，或通过企业金融化的方式对政策做出反应。这些问题严重阻碍了企业转型升级和经济高质量发展目标的实现。综上所述，多部门的环境协同治理在推动企业转型升级，实现经济高质量发展的道路上势在必行。

中国经济的高质量发展是由制造业的高质量发展所带动的，而制造业的全要素生产率水平是衡量制造业发展水平的重要指标（李振洋、白雪洁，2020）。基于上述背景和理论分析，本章基于中国2007—2016年上市公司数据，从省内城际、城市群、省际三个维度度量了区域政策协同程度，以此为基础分析了政策协同治理对于企业转型升级的影响效应及其内在机制。研究发现，区域政策协同对企业转型升级有显著促进作用，区域政策协同程度越高，企业的全要素生产率越高。机制分析表明，政策协同治理主要通过抑制污染企业异地转移、促进企业研发创新和数字化应用的机制提升企业全要素生产率，但并未通过抑制企业金融化发生作用。异质性分析发现，当企业内部控制水平越高、风险承担能力越强时，政策协同治理对企业全要素生产率的促进作用越显著。

本章的边际贡献主要体现在以下几方面：第一，从省内城际、城市群、省际三个维度全面系统地度量了区域间环境政策协同程度，并以此为基础分析了环境政策协同治理对于企业转型升级的影响效应及其内在机制。第二，检验了环境政策协同治理提升企业全要素生产率的作用机制，为有效提升企业转型升级促进政策提供了实证参考。第三，丰富了环境政策协同微观治理效应的研究，为找准区域联合促进企业转型升级的方向和实现高质量发展的制度建设提供了理论支撑，为解决环境污染问题提供了借鉴。

第二节　制度背景与理论分析

一、制度背景

1. 现行的环境治理机制分析

由于政治体制的主导作用，我国社会治理长期处于政府主导的单一化状态，在环境治理领域也长期保持了科层式治理模式。进入 21 世纪以来，我国在环境治理机制方面进行了多次改革创新，先后建立了生态补偿、河（湖）长、联防联控联治等环境治理机制，较好地防范、控制了生态环境进一步恶化的风险，缓和了生态环境领域日益尖锐的矛盾，对我国生态环境保护、优化环境资源配置起到了十分重要的作用。

2. 生态补偿机制

生态补偿机制是一个旨在保护生态环境、促进人与自然和谐发展的制度安排。它通过分析评估生态价值、机会成本和保护成本，发挥政府和市场的作用，以恢复和保护生态环境，并协调生态环境的利益关系。生态补偿的内容主要是对保护、破坏和恢复生态环境应承担的成本进行补偿，对因保护生态环境而放弃发展机会的机会成本进行补偿，对保护具有重大生态价值的区域所投入的成本进行补偿，对环境污染"外部效应"内部化的成本进行补偿。

3. 河（湖）长制

河（湖）长制是我国生态文明建设的一项制度创新，由各级党政负责人直接担任河（湖）长，负责组织领导相应河流（湖泊）的保护治理，并将治理成效纳入绩效考核。河（湖）长制以协同治理为核心，在制度设计上为水环境协同治理提供基础平台，以达到"攥指成拳"的目的，为维护河（湖）的健康生态、实现河（湖）功能的永续利用提供了制度保障。

这一制度于 2007 年由无锡市首创，之后逐渐推广到全国，在一些区域取得了良好的治理效果。河（湖）管理体制主要包括水资源保护、河（湖）岸线管理与保护、水污染防治、水环境管理、水生态修复、水环境执法六个方面，构成了河（湖）管理体制实施的基本框架，指导着这一特色环境治理机制的实践。

4. 联防联控联治机制

随着空气污染和流域水污染等跨区域流动污染的出现，传统的行政分割、地方保护主义、地方本位主义、地方排外主义等各自为政的属地管理模式已经难以应对，单一主体难以避免治理失灵的问题。生态环境资源作为一种特殊的公共物品，要求不同主体之间高度协同治理跨区域流动污染，实施联防联控联治机制。在此背景下，2010年，国务院在《关于推进大气污染联防联控工作改善区域空气质量的指导意见》中提出了区域生态环境联防联控"五个统一"的基本思路。联防联控机制的实施，旨在建立协同治理平台，共享数据信息，联合进行环境治理，从而改善各地方政府在环境治理实践中各自为政的不利局面，化"邻避效应"为"迎臂效应"。

二、政策协同对企业转型升级的治理作用

1. 企业转型升级的驱动因素及经济后果

（1）企业转型升级的驱动因素。

在各类驱动因素中，资源要素、环境要素、转型措施、思想变革、期望收益这五类要素构成了企业转型升级的主因组合。资源要素包括资金、技术、人才等因素。环境要素包括生产经营环境、政策环境、市场环境等因素。转型措施要素包括技术创新、机制变革、转型战略等因素。思想变革要素包括重视转型、转变意识、制定模式规划等因素。期望收益要素包括降本增效、打造新增长点、品牌建设等因素。

企业转型升级的驱动因素主要分为企业内部主动行为和外部环境两个方面。当企业发展到一定程度，基于谋求长远发展的考虑，降本增效、品牌建设、抢占市场先机等因素会使企业加大研发投入，创新经营管理模式，进行信息化改造，主动实施转型升级。除了企业的主动行为外，外部

环境的压力同样会推动企业转型升级。在国内，选择性产业政策通过政府补贴、信贷支持、税收优惠等措施，对战略产业、新兴产业或产业内特定企业进行选择性培育和扶植，进而推动企业转型升级；限制型产业政策则通过投资许可、出口配额、行业碳配额、环保监管等手段，制约目标行业发展，刺激企业进行技术革新，淘汰落后产能。此外，高员工流失率、高劳动力成本以及激烈的市场竞争等外部环境压力也会推动企业转型升级。

（2）企业转型升级的经济后果。

企业转型涵盖两方面内容：一是主营业务转型，即企业突破传统主营业务范畴，转向其他业务或其他行业。短期内，主营业务转型可能导致企业现金流紧张、负债率上升，进而影响公司的稳健运营；但从企业的长期发展视角来看，它能够为企业打造新的增长极，贡献更多业绩，助力企业实现多元化的跨越式发展，带来积极的经济成效。二是企业结构转型，也就是企业为适应外部环境变化，在企业组织管理结构或公司治理结构方面实施的优化变革。企业结构转型将长期降低行政管理费用，提高生产运营效率，合理配置组织资源，有助于企业效益的最大化，推动企业高质量发展。而企业升级指的是企业通过提升技术能力或市场营销能力，从生产劳动密集型产品转向生产附加值更高、利润更可观的资本或技术密集型产品的过程（Poon，2004）。在此过程中，企业产品的附加值得以提高，产品竞争力得到增强，同时在产业链中的地位也会得到提升，这对企业的可持续发展十分有利。

2. 政策协同对企业转型升级的影响

当前，在企业转型升级的热潮下，如何助推企业转型升级、促进其持续高质量发展，已成为各级政府亟待完成的任务。尽管关于环境规制政策协同的文献研究颇为丰富，但大多集中在分析政策协同对宏观政策目标的影响上，却忽略了对微观经济主体行为影响的探究。鉴于此，本章尝试从横向政策协同切入，剖析环境规制政策协同对污染企业转型升级的作用，以便在更多细节上为我国污染企业转型升级政策的制定提供参考。从理论层面来讲，本章认为区域环境政策协同对企业转型升级具有显著促进作用，主要基于以下几点考量。

第一，政策协同的核心思想在于政策一致性和整体卓越性，其旨在促进企业发展、抑制企业违规行为、保护资源环境、实现经济高质量发展等方面均能发挥良好效能。随着对政策协同研究的深入挖掘，转型升级作为常见的企业发展战略问题，极有可能会受到政策协同的影响。

第二，区域内各级政府拥有参与者和监管者双重身份，在制定环境政策时不仅要考虑政策对区域内环境资源等宏观要素的影响，还要考虑对区域内微观企业的影响。基于此，在政策协同治理过程中，具有一致性的政策会使企业无法通过异地转移、企业金融化等方式规避政策管制，从而间接引导区域内企业转型升级，推动其高质量发展。

第三，企业转型升级的目的是实现企业效益最大化，推动企业高质量可持续发展。当前，政府不断加强对企业污染物排放的监管，处罚力度不断加大，企业污染物超标排放被发现的概率不断升高。企业一旦被发现违规排放，由此造成的经济和信誉损失不容小觑。从长期来看，环境政策协同会使企业的违法成本高于守法成本，企业违规行为丧失意义，企业自然会将精力投入自身发展建设中，通过转型升级来应对环境成本的增加。综上所述，提出以下假设。

H_1：政策协同能够促进企业转型升级，即政策协同程度越高，企业全要素生产率越高。

三、政策协同对企业转型升级的影响机制

政策协同对企业转型升级的影响机制如图 5-1 所示。"区域间政策协同的组织架构"和环境问题的特殊性构成了环境政策协同治理的制度基础与现实基础。环境问题具有流动性、环境治理要求具有整体性，然而，地方政府跨区域治理却存在碎片化现象，这三者之间的矛盾导致各地方政府之间有必要开展政策协同，形成政策统一的区域，从而共同参与应对环境问题。环境政策协同体现在政策目标制定、政策细则确定以及政策实施的过程中，但其自身并不会直接对企业转型升级产生影响，而是通过促进企业研发创新、促进企业数字化应用、抑制企业异地转移、抑制企业金融化

这四个路径来推动企业转型升级。基于企业转型升级驱动因素,结合环境政策协同的现实功能,本章提出如下具体机制。

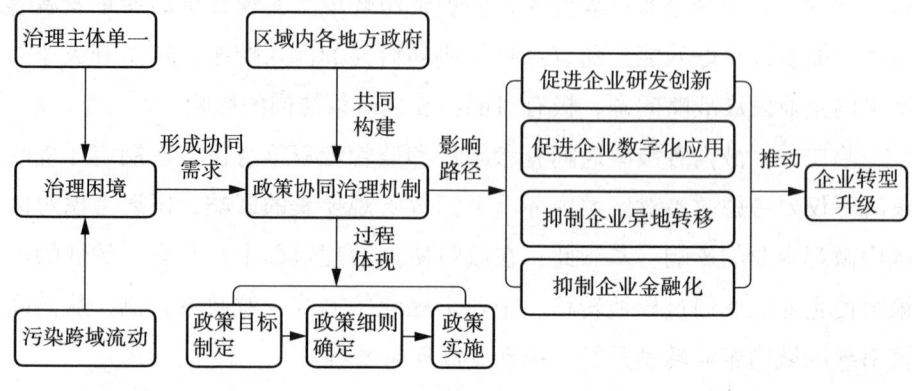

图 5-1　政策协同对企业转型升级的影响机制

1. 促进企业研发创新机制

企业转型升级的根本目的在于实现持续高质量发展与经营效益的有效提升,而技术创新的突破可以提升企业生产效率,打造新的增长点。因此,企业自身的研发创新能力是决定其能否顺利转型升级的关键因素。首先,随着环境政策协同治理的不断推进,企业所承担的环境规制遵循成本日益增高,在总资源有限的情况下,必然会削减企业用于转型升级的资源数量(李青原、肖泽华,2020)。这会推动行业内企业的重组兼并,加速淘汰那些生产技术落后、创新能力较弱、资金实力不足的中小企业,进一步优化行业内的创新资源配置,最终促使企业研发创新能力得以提升,有力地推动企业转型升级。其次,环境政策协同对企业环保的一致性要求会抬高行业准入门槛,使得新进入行业的企业大多具备较强的创新实力,这会提高整个行业的研发创新能力。面对行业新进入者带来的竞争压力,行业内的存量企业也会提升自身的研发创新能力,以达到与新进入者相当的水平,从而倒逼企业实现转型升级。再次,环境政策协同会给企业带来更高的制度遵循成本与生产要素成本。受到成本最小化与利润最大化目标的驱动,企业必然会依据外部规制及时调整原有的生产行为,通过生产更具绿色差异化的产品,来获取更多的市场份额,从而形成独特的绿色竞争优势。最后,企业管理层在感知外部政策环境时,会遵循"环境规制—管理层环保压力感—企业采取环保战略"的机制进行传导,从而促进企业的研发创新(吕鹏、黄送钦,2021)。此外,转型升级还能增强利益相关者对企业持续发展的信心,减少他们对企业在环保方面产生的负面预期,增加企业转型升级所带来的回报。综上所述,环境政策协同可以加速行业洗牌、提高行业准入门槛,通过促进企业的研发创新来推动企业转型升级。基于此,提出以下假设。

H_2:政策协同通过促进企业研发创新促进企业转型升级。

2. 促进企业数字化应用机制

环境政策协同的推进可以促进企业数字技术的应用。首先,环境政策本质上是将企业排污导致的社会环境治理成本转化为企业的私人成本,因此,环境政策协同的推进,会使企业生产成本上升,而企业为了维持既定利润水平,需要通过数字技术对企业进行经营管理,进而达到降本增效、推动企业转型升级的目的。其次,环保安全、技术标准提升的政策协同会淘汰中小企业,此时龙头企业会主动扩张助力市场出清。由于龙头企业市场份额的增加,贯穿企业各部门的数字技术应用也将更具规模效应,有利于推动企业数字化进程。再次,环境政策协同导致行业洗牌,未来行业集中度有望进一步向龙头企业集中,中小企业则面临较大的环保压力,将逐步退出市场,行业供需关系有望持续向好。从长期来看,企业现金流及业绩有望得到改善。而企业现金流及业绩的改善,将使企业加大对信息技术建设的投入,促进原有业务与数字信息技术融合,满足企业业绩增长与持续发展的变革要求。最后,面对日益趋严的区域环境政策,企业将发挥数字技术在企业发展中的赋能引领作用,重新定义、设计产品和服务,实现业务的转型、创新和增长。综上所述,当企业面临环境政策协同治理时,会利用现代数字信息技术,为企业治理提供支持,进而实现企业高质量可持续发展。基于此,提出如下假设。

H_3:政策协同通过促进企业数字化应用促进企业转型升级。

3. 抑制企业异地转移机制

面对区域环境政策协同治理,一方面,企业囿于自身实力,难以在短期内完成甚至根本无法实现绿色转型（王伊攀、何圆，2021）；另一方面，环境政策协同治理意味着企业将承担更高的成本、获取更少的利润。规制遵从成本的增加使得清洁型企业相较于污染企业来说更具成本优势，最终会造成污染企业市场份额缩减、利润下降，进而产生向外转移以拓展生存空间、提高利润的动机。在实践中，向外迁移是污染企业应对环境规制最直接快捷的策略。各地监管力度的差异使得污染企业滋生出规避环境管制的动机，即通过异地转移的方式规避环保监管，转向监管更宽松的地区开展生产经营活动，以获取超额收益。例如，Chen等（2018）认为，区域间环境政策强度的差异会促使污染性生产经营活动从监管强度高的下游转移到监管强度低的上游。而环境政策协同治理的存在使得区域内各城市的环境污染容忍度趋于一致，抑制了污染企业监管套利的动机，为企业就地升级创造了良好的外部环境，使得企业变异地转移为就地升级。综上所述，环境政策协同治理可以通过抑制企业异地转移推动企业转型升级。故提出以下假设。

H_4：政策协同通过抑制企业异地转移促进企业转型升级。

4. 抑制企业金融化机制

首先，环境政策协同将推动行业洗牌，使企业面临的市场风险、流动性风险以及违约风险增加，企业出于控制总体风险的考虑，会削减风险较高的投资性金融资产总量。由于企业金融化对企业创新投入存在显著的挤出效应，企业金融化的削弱会促进企业创新，最终推动企业转型升级。其次，环境政策协同将抬升企业综合成本，促进行业整合升级、加速出清，致使低端供给产能被大面积挤压直至出局，实现规模经济的大企业则获得更宽松的发展空间，并迎来"跑马圈地"以及抢占行业话语权的巨大市场机遇。在机遇的驱使下，企业更愿意将资金投入生产经营方面，对金融资产的投资意愿下降，对研发项目的探索欲望上升，从而抑制企业金融化，进而实现转型升级。再次，环境政策协同可能使污染企业因绿色生产的硬性要求而减少产出。企业为了防止订单流失，满足下游客户的需求，会减持投机性金融资产，将更多资金投入研发创新中以提高产量和产品竞争力，减持投机性金融资产这一行为直接减少了企业在金融领域的资源配置,从而抑制企业金融化,最终推动企业实现转型升级。最后,环境政策协同会使得污染企业市场份额缩减、利润下降。为了维持其行业地位,污染企业的研发费用将大幅增加,需要通过抑制企业金融化达到绿色转型的目的。综上所述,环境政策协同治理可以通过抑制企业金融化的机制推动企业转型升级。故提出以下假设。

H_5:政策协同通过抑制企业金融化促进企业转型升级。

第三节 实证研究设计

一、样本与数据选择

本章以2007—2016年沪深A股上市公司为样本。有关环境规制强度的数据来自《中国城市统计年鉴》,财务数据等其余数据均来自国泰安(CSMAR)数据库。之所以截止到2016年,是因为地级市环境规制数据限制。出于稳健性考虑,消除极端值可能造成的偏误,对所有变量进行上下1%的缩尾处理,并将所有自变量进行滞后一期处理,以缓解内生性影响。

二、计量模型

本章采用模型(5-1)检验政策协同对企业转型升级的影响:

$$TFP_{it} = \alpha_1 + \beta_1 Copol_{it-1} + \sum \gamma Controls_{it-1} + Industry + Year + \varepsilon_{it}$$
(5-1)

其中,被解释变量 TFP 表示企业全要素生产率,用来刻画企业转型升级;$Copol$ 表示政策协同程度,分别用省内城际、城市群、省际三个维度的变量表示。各变量名称与定义如表5-1所示,$Controls$ 表示控制变量,回归控制了行业和年份固定效应。

表 5-1 变量名称与定义

变量类型	变量名称	变量符号	变量定义
被解释变量	TFP_OLS	TFP_OLS	以 OLS 方法计算的全要素生产率
	TFP_FE	TFP_FE	以固定效应方法计算的全要素生产率
	TFP_LP	TFP_LP	以 LP 法计算的全要素生产率
	TFP_OP	TFP_OP	以 OP 法计算的全要素生产率
解释变量	省内协同度	Copol_city	省内各地级市之间环境规制政策协同程度
	城市群协同度	Copol_group	20 个城市群内各城市环境规制政策协同程度
	省际协同度	Copol_prov	七大区域内各省份之间环境规制政策协同程度
控制变量	企业年龄	Lnage	公司上市年份数的自然对数
	市场竞争程度	Hhi5	以行业内营业收入前五名企业为基础的赫芬达尔指数
	资产负债率	Lev	企业资产负债率
	非流动资产占比	Flow	非流动资产占总资产比重
	管理费用占比	Mfee	公司管理费用占营业收入百分比
	资产收益率	Roa	总资产净利润率
	企业利润	Lirun	利润总额占营业收入百分比
	产权性质	SOE	公司产权性质为国有时，取 1，否则为 0
	两职合一	Dual	当董事长与总经理为同一人时赋值为 1，否则为 0
	两权分离率	Separa	实际控制人拥有上市公司控制权与所有权之差的百分比
	机构持股比例	Institu	机构持股比例合计
	行业虚拟变量	Industry	位于该行业时，取值为 1，否则为 0
	时间虚拟变量	year	位于该年度时，取值为 1，否则为 0

为了分析政策协同影响企业转型升级的内在机制，本章采用中介效应模型进行检验：

$$Med_{it} = \alpha_2 + \beta_2 Copol_{it-1} + \sum \gamma Controls_{it-1} + Industry + Year + \mu_{it}$$
(5-2)

$$TFP_{it} = \alpha_3 + \beta_3 Copol_{it-1} + \delta Med_{it} + \sum \gamma Controls_{it-1} + Industry + Year + \theta_{it}$$
(5-3)

其中，逐步中介机制检验分为三步：第一步，通过对基准回归模型

(5-1) 进行回归分析，检验政策协同对企业转型升级的影响；第二步，采用模型（5-2）检验政策协同程度对研发创新、数字化应用、异地转移、金融化程度四个中介变量的影响；第三步，将中介变量添加到模型（5-1）中得到模型（5-3）。通过模型（5-2）和模型（5-3）相关变量系数的正负符号与显著性判断中介机制是否成立。

三、主要变量设定

1. 企业转型升级的刻画

本章采用企业全要素生产率来刻画企业转型升级，企业生产效率提升是企业转型升级最为直观的表现。企业生产效率大多使用全要素生产率衡量（任胜钢 等，2019；李永友、严岑，2018），而现有测量全要素生产率的方法包括代数指数法、潜在产出法和半参数法等。由于代数指数法受到较大制约，而潜在产出法测算复杂且内生性问题严重，本章参照鲁晓东和连玉君（2012）的做法，主要采用 LP 法和 OP 法测算的全要素生产率（TFP_OP）作为被解释变量进行基准回归检验，其余两种方法用于稳健性检验。

2. 政策协同程度的刻画

借鉴胡志高等（2019）的方法，本章从省内城际、城市群、省际三个维度度量区域环境规制政策的协同程度。具体测算公式如下：

$$D = \left\{ \left[\prod_{i=1}^{n} s_i \Big/ \left(\frac{1}{n} \sum_{i=1}^{n} s_i \right)^n \right]^k \left(\sum_{i=1}^{n} \alpha_i s_i \right) \right\}^{\frac{1}{2}} \quad (5-4)$$

其中，D 表示区域政策协同程度；s 为采用综合指数法计算得出环境规制熵权法得分 ERS；α 表示权重；k 为调整系数，$k \geq 2$，本章取 $k=2$，各地区平均赋权。对于省内城际政策协同程度，i 表示某省内地级市，n 表示省内地级市数量，区域划分以省份为准。对于城市群政策协同程度，i 表示城市，n 表示城市群内城市数量，城市群划分采用赵娜等（2017）从国家级、区域性、地区性三个方面划分的 20 个城市群。对于省际政策协同程度，i 表示省份，n 表示区域内省份数，区域的划分借鉴胡志高等（2019）

的做法，将"黑龙江、吉林、辽宁"记为区域1，"北京、天津、河北、内蒙古"记为区域2，"山东、山西、河南、陕西"记为区域3，"上海、浙江、江苏、安徽"记为区域4，"江西、湖北、湖南"记为区域5，"四川、重庆、云南、贵州"记为区域6，"福建、广东、广西"记为区域7。

四、描述性统计

使用样本的描述性统计结果如表5-2所示，观测值数量为8301。从表5-2中可以发现，所有变量平均值和中位数均差异不大，从这一特征来看，部分变量可能具有一定的近似正态分布的趋势，但还需进一步的统计检验来确定是否符合正态分布。以四种方式衡量的全要素生产率的最小值与最大值相差 2~3 倍，以 TFP_OP 为例，其最小值为 3.286，最大值为 9.532，表明样本公司的全要素生产率存在较大差异。$Copol\_group$ 的最小值为 0.031，最大值为 0.935，两者相差较大，表明城市群内各城市协同程度差异较大。$Copol\_city$ 与 $Copol\_prov$ 最小值与最大值同样存在较大差异，表明省内城际协同程度以及省际协同程度在不同区域间存在较大差异。这为本章分析政策协同影响企业全要素生产率的检验提供了条件。

表 5-2 描述性统计

变量名称	观测值	平均值	标准差	最小值	中位数	最大值
TFP_OLS	8301	10.921	1.220	8.098	10.785	14.307
TFP_FE	8301	11.460	1.279	8.465	11.318	15.025
TFP_LP	8301	8.972	1.036	6.620	8.883	11.864
TFP_OP	8301	6.388	0.790	3.286	6.310	9.532
$Copol\_city$	8301	0.749	0.126	0.429	0.782	0.949
$Copol\_group$	8301	0.713	0.212	0.031	0.785	0.935
$Copol\_prov$	8301	0.790	0.095	0.424	0.819	0.923
$Lnage$	8301	2.631	0.373	1.609	2.708	3.367
$Hhi5$	8301	0.292	0.071	0.206	0.285	0.839
Lev	8301	0.428	0.198	0.050	0.428	0.894

续表

变量名称	观测值	平均值	标准差	最小值	中位数	最大值
Flow	8301	0.452	0.187	0.035	0.437	0.911
Mfee	8301	9.195	6.342	0.989	7.972	50.793
Roa	8301	0.042	0.051	-0.161	0.038	0.191
Lirun	8301	9.207	13.213	-58.545	7.358	63.338
SOE	8301	0.422	0.494	0.000	0.000	1.000
Dual	8301	0.236	0.425	0.000	0.000	1.000
Separa	8301	5.422	7.996	0.000	0.000	28.519
Institu	8301	37.411	23.532	0.453	36.969	87.579

第四节 实证结果分析

一、区域环境政策协同影响企业转型升级的基准回归分析

为了验证区域政策协同能够发挥政策合力有效促进企业转型升级，本章进行了基准回归检验。表5-3列示了省内、城市群、省际三个维度下的政策协同程度对企业全要素生产率的影响，回归结果表明，引入控制变量并固定年份和行业效应后，不论从哪个维度衡量，政策协同程度的提高均显著正向促进了企业全要素生产率的提升。对于以 OP 法计算的全要素生产率，政策协同程度均在1%的水平下显著为正，政策协同程度每提高1%，企业全要素生产率至少提高0.31%。对于以 LP 法计算的全要素生产率，政策协同程度至少在10%的水平下显著为正，政策协同程度每提高1%，企业全要素生产率至少提高0.28%。综上所述，基准回归结果表明政策协同有利于促进企业转型升级，有力地证明了 H_1 的结论成立。

表 5-3 基准回归结果

变量	省内协同度		城市群协同度		省际协同度	
	(1)	(2)	(3)	(4)	(5)	(6)
	TFP_LP	TFP_OP	TFP_LP	TFP_OP	TFP_LP	TFP_OP
政策协同程度	0.405**	0.473***	0.279***	0.313***	0.448*	0.616***
	(2.36)	(3.53)	(3.36)	(4.48)	(1.68)	(2.85)
Controls	控制	控制	控制	控制	控制	控制
year	Yes	Yes	Yes	Yes	Yes	Yes
Industry	Yes	Yes	Yes	Yes	Yes	Yes
N	8301	8301	8301	8301	8301	8301
R^2_adj	0.540	0.475	0.541	0.476	0.539	0.472

注：括号内为t值，***、**、*分别表示在1%、5%、10%的水平下显著，控制变量回归结果受限于篇幅未显示，下表同理。

二、稳健性检验

基准回归结果表明，政策协同有利于推动企业转型升级。为了证明该结果的稳健性，本章采用替换全要素生产率测算方法、替换政策协同程度衡量方式两种方法进行稳健性检验。

1. 替换全要素生产率测算方法

为避免被解释变量全要素生产率在测算过程中产生误差，本章使用最小二乘方法和固定效应方法测算了全要素生产率，发现省内协同度和城市群协同度均正向促进了企业全要素生产率的提升。而省际协同度虽然不显著，但其符号为正，t值也较大，因此在一定程度上表明是正向促进作用。整体来看，回归结果与基准回归的结果基本一致，支持了基准回归的结论。

表 5-4 替换全要素生产率测算方法

变量	省内协同度		城市群协同度		省际协同度	
	(1)	(2)	(3)	(4)	(5)	(6)
	TFP_OLS	TFP_FE	TFP_OLS	TFP_FE	TFP_OLS	TFP_FE
政策协同程度	0.471**	0.479**	0.318***	0.324***	0.494	0.492
	(2.34)	(2.27)	(3.26)	(3.17)	(1.57)	(1.50)
Controls	控制	控制	控制	控制	控制	控制

续表

变量	省内协同度		城市群协同度		省际协同度	
	(1)	(2)	(3)	(4)	(5)	(6)
	TFP_OLS	*TFP_FE*	*TFP_OLS*	*TFP_FE*	*TFP_OLS*	*TFP_FE*
year	Yes	Yes	Yes	Yes	Yes	Yes
Industry	Yes	Yes	Yes	Yes	Yes	Yes
N	8301	8301	8301	8301	8301	8301
R^2_adj	0.551	0.552	0.551	0.553	0.549	0.551

2. 替换政策协同程度衡量方式

为避免核心解释变量测算误差对回归结果的影响，本章手工收集了2007—2020年是否存在政策协同的数据。具体做法是，在各省生态环境部门网站以及各类搜索引擎上搜索"协同、磋商、交流、合作、联合、联防、联动、共同、调研、协作、协议、考察"等相关关键词，然后对搜索到的信息中有关污染企业的信息发布内容进行筛选，并做去重处理，以此来考察各省是否存在针对污染企业的环境规制政策协同治理行为。样本点数据为11007个（1223个样本观测值×9个变量）。采用手工收集数据衡量政策协同程度进行回归检验，无论全要素生产率采用何种方式度量，政策协同程度均在1%的水平下显著促进企业全要素生产率的提升，基准回归结果稳健。

表5-5 替换政策协同度衡量方式

变量	(1)	(2)	(3)	(4)
	TFP_OLS	*TFP_FE*	*TFP_LP*	*TFP_OP*
手工收集省级政策协同程度	0.029*** (3.61)	0.029*** (3.47)	0.028*** (4.12)	0.028*** (4.94)
year	Yes	Yes	Yes	Yes
Industry	Yes	Yes	Yes	Yes
N	8301	8301	8301	8301
R^2	0.552	0.554	0.541	0.475
R^2_adj	0.550	0.552	0.539	0.473

第五节　机制分析

一、促进企业研发创新机制

本部分检验了政策协同能否促进企业研发创新从而提升全要素生产率。本章采用专利授权数量 Patent 衡量企业产品创新能力,具体为公司授权专利总数加 1 的自然对数,该值越大,表明企业产品创新能力越强。如表 5-6 第（1）列所示,政策协同与企业研发创新能力在 1% 的水平下显著正相关,环境政策协同程度越高,企业研发创新能力越强。可能的原因是,政策协同程度越高,不同地区企业面临的竞争环境相对越公平,企业从研发创新中获得正收益的概率越高,企业创新的积极性越高。观察第（2）～（5）列发现,无论以何种方式衡量的全要素生产率,企业研发创新能力的提升总是能够提升企业的全要素生产率,即当企业更重视研发创新时,企业生产更有效率,符合理论预期。综上所述,政策协同通过激励企业研发创新从而提升企业全要素生产率的机制得到证实。为了更进一步地验证结论,本章还单独列示了最能体现创新水平的发明专利授权 Invention 的回归结果（见表 5-7）,发现上述结论依然成立。

表 5-6　专利授权中介效应

变量	(1) Patent	(2) TFP_OLS	(3) TFP_FE	(4) TFP_LP	(5) TFP_OP
$Copol\_group$	45.906*** (2.94)	0.278*** (2.90)	0.281*** (2.80)	0.246*** (3.01)	0.294*** (4.27)
$Patent$		0.001*** (3.12)	0.001*** (3.13)	0.001*** (3.11)	0.000*** (3.05)
year	Yes	Yes	Yes	Yes	Yes
Industry	Yes	Yes	Yes	Yes	Yes
N	8301	8301	8301	8301	8301
r^2_a	0.056	0.582	0.584	0.570	0.492

表 5-7 发明授权中介效应

变量	(1) Invention	(2) TFP_OLS	(3) TFP_FE	(4) TFP_LP	(5) TFP_OP
$Copol\_group$	15.356** (2.21)	0.292*** (3.03)	0.297*** (2.94)	0.257*** (3.14)	0.301*** (4.34)
$Invention$		0.002*** (3.83)	0.002*** (3.83)	0.001*** (3.89)	0.001*** (3.81)
year	Yes	Yes	Yes	Yes	Yes
Industry	Yes	Yes	Yes	Yes	Yes
N	8301	8301	8301	8301	8301
r^2_a	0.027	0.570	0.572	0.559	0.487

二、促进企业数字化应用机制

本部分检验了政府协同是否通过促进企业数字化应用提升全要素生产率。企业数字化应用采用是否进行数字化 Dum_digit 和数字化程度 $Digit$ 两个变量衡量，数据来源于 CSMAR 数据库。企业数字化应用可以从三个方面提升企业的全要素生产率：一是数字化应用的信息媒介作用。数字化应用能提升信息的可得性、可用性、有用性，从而缓解信息不对称带来的委托代理问题。二是数字化应用的资源有效配置作用。数字化通过对数据的分析、计算和深度应用，强化了供给与需求的衔接，推动企业商业模式和生产经营流程再造，使企业的信息整合处理应用能力更强（王可、李连燕，2018）。三是在生产成本方面，数字化应用有助于减少劳动投入、降低生产成本。而政策协同可以有效压缩企业策略行为，促进企业投入更多的时间和精力在生产组织流程上进行改造，以期获得更多收益。如表 5-8 第（1）列所示，区域环境政策协同可以推动企业采用数字化应用。第（2）～（5）列表明，企业采用数字化应用在 1% 的水平下显著促进了全要素生产率的提升，与现有大多数文献的结论相一致，符合预期。如表 5-9 第（1）列所示，区域政策环境协同能够促进企业数字化应用水平的提升，第（2）～（5）列同样表明，企业数字化应用程度越高，企业全要素生产率提升越高。综上所述，支持了政策协同通过促进企业数字化应用提升全要素生产率这一观点。

表 5-8 是否数字化中介效应

变量	(1) Dum_digit	(2) TFP_OLS	(3) TFP_FE	(4) TFP_LP	(5) TFP_OP
Copol_group	0.218*** (2.59)	0.305*** (3.13)	0.310*** (3.04)	0.267*** (3.22)	0.306*** (4.38)
Dum_digit		0.212*** (5.75)	0.221*** (5.70)	0.200*** (6.44)	0.115*** (4.80)
year	Yes	Yes	Yes	Yes	Yes
Industry	Yes	Yes	Yes	Yes	Yes
N	8274	8301	8301	8301	8301
r^2_a		0.557	0.558	0.547	0.480

表 5-9 数字化应用中介效应

变量	(1) Digit	(2) TFP_OLS	(3) TFP_FE	(4) TFP_LP	(5) TFP_OP
Copol_group	0.112*** (2.63)	0.306*** (3.12)	0.312*** (3.03)	0.267*** (3.19)	0.305*** (4.35)
Digit		0.107*** (4.17)	0.109*** (4.05)	0.110*** (5.11)	0.073*** (4.39)
year	Yes	Yes	Yes	Yes	Yes
Industry	Yes	Yes	Yes	Yes	Yes
N	8301	8301	8301	8301	8301
r^2_a	0.161	0.555	0.556	0.545	0.480

三、抑制企业异地转移机制

前面两个机制主要验证了政策协同对企业积极作为的促进效应。本部分从抑制企业负面策略行为的角度进行验证。区域环境政策协同对企业策略行为的影响最重要的体现在于压缩了企业异地迁移的空间。若各地实施不同程度的环境规制政策，处于环境规制更严格区域的企业在权衡迁移成本和规制遵从成本后，会选择向环境规制更宽松的区域转移，而异地建立子公司是其中最主要的一种方式。借鉴王伊攀和何圆（2021）的做法，本部分采用企业是否在异地建立子公司 $Dczyc$ 作为企业异地转移的衡量方式，数据来源于手工收集。全样本企业异地迁移的中介效应检验结果如表5-10所示。政策协同降低了企业在异地建立子公司的概率，然而并不显著。异地建立子公司能够促进企业全要素生产率的提升。从理论上看，政策协同抑制异地转移可能会对企业全要素生产率产生影响。然而整体来看，全样本检验结果并未显示出抑制异地转移的显著效果。

表5-10　全样本异地迁移中介效应

变量	(1)	(2)	(3)	(4)	(5)
	$Dczyc$	TFP_OLS	TFP_FE	TFP_LP	TFP_OP
$Copol\_group$	-0.037 (-1.05)	0.336*** (3.53)	0.343*** (3.44)	0.293*** (3.63)	0.320*** (4.65)
$Dczyc$		0.427*** (7.28)	0.454*** (7.43)	0.354*** (7.04)	0.155*** (3.65)
year	Yes	Yes	Yes	Yes	Yes
Industry	Yes	Yes	Yes	Yes	Yes
N	8260	8260	8260	8260	8260
r^2_a	0.016	0.564	0.566	0.553	0.481

考虑到区域环境规制政策协同对企业影响的异质性，本章进一步将样本细分为污染企业和清洁企业。污染企业和清洁企业的回归结果分别如表5-11和表5-12所示。对比两者可以发现，对于清洁企业来说，政策协同并未对其异地建立子公司产生显著影响；但对于污染企业来说，政策协同显著降低了企业异地建立子公司的概率，达到了较好的抑制污染转移的效果。同时需要说明的是，无论是污染企业还是清洁企业，异地建立子公司在一定程度上都可以提高企业全要素生产率。污染企业异地转移对政策协同影响全要素生产率提升起到了遮掩作用。这一结果与我们最初基于理论推导所提出的假设不一致，这有悖于政策协同通过抑制企业污染转移提升企业全要素生产率的假设。但这更符合现实，污染企业通过异地转移能够获得生存空间，这也是现实中大量污染企业选择通过相对迁移规避环境规制的有效性。但这种生产率的提升是以环境污染转移为代价，从整体上

破坏了环境规制的效果，不利于经济高质量发展。

表 5-11　污染企业异地迁移中介效应

变量	(1) Dczyc	(2) TFP_OLS	(3) TFP_FE	(4) TFP_LP	(5) TFP_OP
Copol_group	-0.142*** (-3.10)	0.442*** (2.81)	0.456*** (2.77)	0.367*** (2.71)	0.382*** (3.38)
Dczyc		0.670*** (6.13)	0.709*** (6.16)	0.549*** (5.96)	0.311*** (4.64)
year	Yes	Yes	Yes	Yes	Yes
Industry	Yes	Yes	Yes	Yes	Yes
N	2355	2355	2355	2355	2355
r^2_a	0.035	0.594	0.598	0.566	0.496

表 5-12　清洁企业异地迁移中介效应

变量	(1) Dczyc	(2) TFP_OLS	(3) TFP_FE	(4) TFP_LP	(5) TFP_OP
Copol_group	0.022 (0.46)	0.306*** (2.65)	0.311** (2.57)	0.272*** (2.78)	0.298*** (3.65)
Dczyc		0.340*** (5.03)	0.364*** (5.17)	0.283*** (4.88)	0.102* (1.96)
year	Yes	Yes	Yes	Yes	Yes
Industry	Yes	Yes	Yes	Yes	Yes
N	5905	5905	5905	5905	5905
r^2	0.030	0.571	0.570	0.573	0.504
r^2_a	0.024	0.568	0.568	0.570	0.501

四、抑制企业金融化机制

在面临环境规制时，企业有如下几个选择：一是遵循环境规制政策转型升级；二是异地迁移规避环境规制；三是转换主营模式。区域环境政策协同治理排除了企业异地迁移这一选项，因为各地方对环境规制共进退，压缩了企业转移生存空间。前面所验证的两个正向中间机制验证了第一个选项中积极转型升级所受的影响。那么，政策协同是否会促进企业的第三个选项呢？在转换主营模式的选项中，企业在实体生产范围内转换对经济不会产生负面影响，无非是从生产不符合环境规制要求的甲产品转换为了生产符合环境规制要求的乙产品，虽然可能不是企业升级，但至少有利于环境改善。但如果大量企业选择从实体生产领域转换为虚拟经济领域进行投资等活动，那可能会影响实体经济的健康发展，造成宏观经济的脱实向虚问题。本部分继续从政策协同抑制企业负面策略行为的角度，验证政策协同是否通过抑制企业金融化提升企业全要素生产率。在王伊攀和朱晓满（2022）的研究中，企业金融采用企业金融资产持有量占比的增长率来衡量企业金融化程度，该比值越大，表明企业金融化增长越快。金融资产的具体计算方法为：金融资产=交易性金融资产+衍生金融资产+可供出售金融资产净额+持有至到期投资净额+投资性房地产净额。企业金融化中介效应检验回归结果如表5-13所示。从第（2）~（5）列可以看出，企业金融化在1%的水平下显著抑制了企业全要素生产率的提升，企业金融化增长越快，企业全要素生产率越低，符合理论预期。但是第（1）列显示，区域环境政策协同治理并未对企业金融化增速产生显著影响。这表明政策协同并不能对企业向虚拟经济投资这种转换主营模式进行有效治理，还需要更多的政策来协同治理以抑制企业金融化的策略行为。

表 5-13　企业金融化中介效应

变量	(1) $Financ$	(2) TFP_OLS	(3) TFP_FE	(4) TFP_LP	(5) TFP_OP
$Copol\_group$	553.841 (0.26)	0.338*** (2.63)	0.344** (2.56)	0.306*** (2.80)	0.319*** (3.48)
$Financ$		−0.000*** (−6.33)	−0.000*** (−6.87)	−0.000*** (−3.51)	−0.000*** (−3.45)
$year$	Yes	Yes	Yes	Yes	Yes
$Industry$	Yes	Yes	Yes	Yes	Yes
N	5235	5235	5235	5235	5235
r^2	0.003	0.543	0.544	0.536	0.479
r^2_a	−0.003	0.540	0.541	0.532	0.476

第六节 拓展分析

上文的基准结果验证了政策协同能够有效提高企业全要素生产率,促进企业转型升级。基于企业内部控制水平和风险承担能力的差异性,政策协同对企业全要素生产率的提升效应也可能存在差异,本部分从上述两个维度进行异质性分组检验。

一、不同企业内部控制水平下政策协同对企业转型升级的影响

高质量的内部控制可能产生如下影响:一是有助于将政策协同对企业技术创新和数字化应用的盈利促进效应更高程度地发挥出来。高质量的内部控制可以降低内部代理成本,提升经营管理的效率和效果(张国清 等,2015),因此内部控制好的企业能够抓住政策协同带来的机遇,从而扩大研发创新和数字化应用所带来的收益。同样程度的政策协同为不同内控水平的企业带来的收益可能存在很大差异,内部控制好的企业可能由此改善自身行业竞争力。二是能够将政策协同对企业转型升级的促进效应通过高质量的财务信息及时、准确地释放出来,缓解与债权人的信息不对称,实现更多融资的良性循环。高质量内控能够提高对内、对外信息的正确性、可靠性(张龙平 等,2010;方红星、金玉娜,2013)。而在资本市场上,由于资本市场上会计信息不对称现象的存在,债权契约签订往往受到合约成本的困扰,普遍存在融资约束,而这一现象在企业治理存在问题时会被放大,即企业自身内部风险管理不当会增加债权人对企业风险的不确定性,风险感知度提高,债权人尤其是银行为了保证债权契约的履行以保护自身利益,通常在债权契约中对企业施加更多的限制性条款,融资压力增大,提高企业的债务融资成本(林钟高、丁茂桓,2017)。遵循同一逻辑,高质量的内部控制缓解了与债权人的信息不对称,政策协同产生的正面效应能够得到及时地响应。综上所述,高质量内部控制对于政策协同提升企

业全要素生产率存在积极促进效用。因此，内部控制越完善的企业，政策协同发挥影响力的渠道越有效，对企业全要素生产率的促进作用越显著。

本章使用了企业内部控制是否存在缺陷作为衡量企业内部控制水平的指标，数据来源于中国研究数据服务平台（CNRDS）中国上市公司内部控制研究数据库，若内部控制存在缺陷，则为1，反之为0，将企业按是否存在内部控制缺陷分为两组进行对比。表5-14第（1）列、第（2）列的回归结果也验证了上述结论。在内部控制质量越好的企业，政策协同治理对企业全要素生产率的提升作用越显著，回归结果显示两者之间的差异在5%的水平下显著。

二、不同风险承担能力下政策协同对企业转型升级的影响

风险承担能力会直接影响企业决策，从而影响政策协同的企业转型升级促进效应中其他策略行为的选择。本章使用了最为常见的企业盈利波动衡量风险承担能力，具体处理方式是将企业每一年的资产收益率（ROA）减去该企业所在行业的ROA均值以剔除行业因素的影响，然后使用调整过的ROA计算样本时间段内的标准差。将企业风险承担水平按从小到大分为两组进行对比。表5-14第（3）列、第（4）列的回归结果表明，对于风险承担能力弱的企业，政府协同能显著抑制其全要素生产率的提升；而对于风险承担能力强的企业，政府协同的抑制作用不显著，两组之间的差异在统计上显著。产生这种差异的原因可能是，风险承担能力差的企业无力承担企业研发创新和数字化应用的风险，当政策协同治理时，企业缺乏足够的能力调整，抑制了企业全要素生产率的提升；而风险承担能力强的企业，政策协同治理对其不会产生显著影响，有做出更多选择的能力。这表明，政府协同治理加快了市场对风险承担能力差的企业的淘汰速度，而不会对风险承担能力强的企业产生负面影响。

表 5-14 异质性检验

变量	内部控制质量		风险承担能力	
	(1)	(2)	(3)	(4)
	较好	较差	较强	较弱
$Copol\_city$	0.275***	0.127	-0.001	-0.003***
	(6.52)	(1.64)	(-0.54)	(-2.76)
N	4431	1332	2133	2222
R^2	0.532	0.567	0.064	0.046
经验 p 值	0.023**		0.056*	

第七节 本章小结

环境政策协同治理对污染企业的影响存在三个可能机制：其一为促进企业研发创新机制，政策协同通过推动企业研发创新来提升生产效率，进而实现企业转型升级；其二为促进企业数字化应用机制，政策协同借助促进企业数字技术的应用，在信息媒介、资源配置、生产成本三个方面有效提高企业全要素生产率，实现企业转型升级；其三为抑制企业异地转移机制，政策协同压缩企业异地迁移的空间，促使企业通过技术创新实现就地转型升级。

本章通过研究环境政策协同治理与企业全要素生产率之间的关系，证实污染企业在面临环境政策协同治理时，会加大研发创新投入，增加对数字信息技术的应用；与此同时，政策协同为企业就地升级营造良好的外部环境，促使企业由异地转移转向就地升级。本章首次从省内城际、城市群、省际三个维度分析了环境政策协同治理促进企业转型升级的作用机制，丰富了环境政策协同微观治理效应的研究，为明确区域联合推动促进企业转型升级的方向、完善实现高质量发展的制度建设提供理论支撑，也为解决环境污染问题提供思路。本章结论表明，我国环境政策协同治理对企业转型升级具有促进作用。基于上述研究结论，本章政策启示如下。

第一，提高区域间政策协同度，推动以技术创新为核心的企业转型升级。在组织和制度层面，构建企业转型升级视角下的区域环境政策协同治理机制。在组织层面，设立由上级政府牵头的区域环境政策协调机构。在制度层面，建立高层领导对接制度，增进政府间的交流互动，从而推动各地企业的转型升级，进而实现经济的高质量增长。

第二，建立区域间环境治理协同立法机制，提升协同治理层次。环境问题具有显著的区域化特征，需通过立法手段加以应对；各地立法存在差异，这在制度规范层面制约着区域环境协同治理。协同立法可以统一区域内的环境执法裁量权，遏制污染企业监管套利动机。因此，推进区域协同立法是推动污染企业转型升级、促进经济高质量发展的重要保障。同时，建立标准统一的区域环境监测体系，将各地区纳入区域环境监控网络，实现环境监控信息共享，能够遏制企业"游击化"应对行为，为企业就地升级营造良好的外部环境，进而推动企业高质量发展。

第三，建立区域联合惩戒机制，实现企业信用、环保信息数据区域乃至全国互联互通。各地环境部门依托区域企业环境信用系统，公示辖区内企业环境信用信息及排放超标、非法排污等失信企业名单。在政府采购、扶持补贴、市场准入等方面对失信企业实施联合惩戒，使其"一处违法，处处难行"，倒逼企业在环境政策协同治理下，将技术革新作为发展方向，从而推动企业转型升级。

| 第六章 |

区域间政策协同对企业转型升级的影响：异地迁移视角[①]

本书旨在研究政策协同如何影响企业转型升级选择，然而企业的转型升级常常比较隐蔽，很难从数据上直观判断企业是实质性的转型升级还是策略性的展示。因此，本章通过检验区域间环境规制差异是否会促使企业产生策略行为，以此反证区域间政策协同对企业策略行为的限制作用。污染企业在面临环境规制区域差异时，实际是有两个选择：就地转型或向外转移。重污染企业作为受环境规制约束最为严格的企业类型，有动机通过调整空间布局来规避环境规制的影响。考虑到企业资源具有有限性，向外转移必然会对企业转型升级产生一定影响。本章以企业转型升级的重点产业——重污染产业作为样本，基于重污染企业子公司数据，考察了环境规制差异对企业空间迁移行为的影响。研究结果显示，属地环境规制的加强促使重污染企业异地子公司的数量显著增多、分布更分散，且母子公司之间的距离更远，这证实了重污染企业存在跨省污染转移的行为。这种现象在国有和民营重污染企业中均有体现，并且民营重污染企业的迁移幅度更大。重污染企业通过在异地设立子公司，能够削弱环境规制对其利润产生的负向影响。通过对比重点控制和环保约谈两项协同治理政策的实施效果差异，发现静态差异化的环境规制会引发重污染企业的迁移行为，因此应强化政策协同的动态机制。

[①] 本章部分内容以《环境规制、重污染企业迁移与协同治理效果——基于异地设立子公司的经验证据》为题发表在《经济科学》2021年第5期。

第一节　区域间环境规制差异诱发污染企业异地迁移

党的十八大以来，生态文明建设被纳入国家发展总体布局，政府陆续出台了一系列严格的环保政策，环境规制执行力度空前加大。党的十九大报告更是明确指出，建设生态文明是中华民族永续发展的千年大计。中央政府在环境治理上表现出空前的决心，也取得了巨大成效（罗知、齐博成，2021）。与此同时，我们不免产生疑问：重污染企业作为绝大多数污染物的直接生产者是如何应对环境规制的？这些环境污染主体的应对策略很大程度上决定了中央绿色发展理念能否切实贯彻到环境质量改善的实践中，进而影响实现青山绿水和高质量发展双赢的进程。在现实中，重污染企业面临越来越严格的环境规制约束，为了避免被关停取缔，无非有两种选择：就地转型或向外转移。前者符合政策期望，利用环境规制手段倒逼重污染企业绿色化转型是环境规制的初衷，也是学界关注的焦点；而后者可能更符合企业利益，事实上，由于转型面临投资规模大、风险高等难题，将污染生产部分转移至低环境规制区域是重污染企业更理性的选择，"污染避难所"效应就是这种策略的产物。众多重污染企业微观上的迁移决策，使得中国环境污染出现了由东部向中西部转移的"上山下乡"。环境规制的初衷并非诱发污染企业换个地方污染，污染企业以跨区域转移规避环境规制的策略行为会使政策失去着力点，抵消单边治理效果，进而制约生态环境的整体改善。然而，重污染企业向外转移策略行为在研究中并未得到足够重视。

现有关于区域间污染转移的研究，研究视角大多聚焦于环境规制执行主体即地方政府间的策略行为（沈坤荣、周力，2020），却在很大程度上忽略了企业作为环境规制对象在污染转移上的策略行为。研究尺度大多停留在采用省市汇总数据刻画污染转移宏观整体变化的层面（金刚、沈坤荣，2018；沈悦、任一鑫，2021），只能揭示平均化影响，无法识别重污染企业迁移决策的利润激励是否真实存在，难以判断企业是否有动力自愿遵从现有环境规制政策。在治理措施上，虽然中央层面制定了多种环境规制协同治理政策，但鲜有文献关注到这些政策间的治理效果差异。以上局限引发我们思考：随着环境规制越来越严格，重污染企业是否存在跨区迁移现象？背后是否存在利润激励？目前协同治理政策是否有效？厘清上述问题，不仅可以加深对重污染企业空间重构机制的认识，还可以为提升协同执法监管效能提供参考，从而更好地发挥生态环境保护的引导和倒逼作用。鉴于此，本章利用重污染上市公司的子公司数据，首先检验了环境规制是否影响重污染企业的空间分布，并从分散程度和产权性质两个维度剖析了影响的异质性；其次考察了企业迁移的影响机制和经济效果；最后比较了环保约谈和重点控制两项中央层面环保协同治理的政策效果。本章的贡献体现在以下几个方面。

第一，本章利用异地设立子公司数据实现了环境污染转移在微观企业层面的刻画，检验了环境规制跨区负溢出效应在企业层面的存在性和异质性，加强了现有文献的微观基础。现有文献通常将总量上观察到的某城市污染行业产出规模比例或企业数量增减变化定义为污染转移（Chen et al., 2018），判定依据仅仅建立在总量显示一增一减的逻辑推演上，无法提供新增企业源自原有污染企业的直接证据，从而无法验证企业污染转移策略性行为的存在性和异质性。第二，与行政命令型和整体绝对型迁移中企业实施策略行为的空间有限不同，本章研究聚焦在企业能够自主决定的部分相对迁移上，更集中地展现了企业应对环境规制的策略性行为，有利于挖掘企业规制遵从动机，研究视角更切合实际、更具普遍意义。准确识别自主迁移决策中利润激励真实存在与否，有助于验证企业规制遵从的机会成本，为政策评估与调整提供实证参考。第三，本章从动态和静态视角区分比较了中央层面的非对称环境规制政策对于污染跨区域治理的差异，为更有效的联防联控政策工具选择提供了参考。现有文献讨论了中央层面非对称环境规制政策的效果（石庆玲 等，2017），但大多强调的是环境规制对被治理区域的影响，而对政策跨区域辐射效应引发的环境污染转移治理效果缺乏关注，比较中央层面环境规制政策工具差异的文献就更少了。然而，如何从众多政策工具中做选择是实践中经常面临的问题，本章尝试从治理污染转移的视角给出回答。

第二节 制度背景与研究假设

一、环境规制政策梳理

中央层面出台了大量环境规制政策,从影响力角度来看,近十年来最有代表性的环境规制政策是:在立法上,2014 年出台了"史上最严"新环保法;在执法上,从 2015 年开始试点的中央生态环保督察实现了对 31 个省区市全覆盖,至 2017 年底问责人数超 1.8 万人,解决环境问题 8 万余个。2018 年分两批开展中央生态环保督察"回头看",至 2018 年底共问责 8644 人。2021 年正式印发《生态环境保护专项督察办法》,该举措标志着中央生态环保督察工作向纵深发展。

上述中央层面出台的环境规制政策无差别地覆盖了所有区域,还有些政策只针对个别区域,是非对称、有梯度差异的,本章重点关注后者。以最受舆论关注的大气污染治理为例,2011 年"$PM_{2.5}$ 爆表"事件引发的舆论推动了众多环境规制政策出台。为了比较这类政策工具的效果,本章选取两项比较有代表性的政策进行分析,即《重点区域大气污染防治"十二五"规划》和《环境保护部约谈暂行办法》。前者于 2012 年经国务院批复印发,其后出台了具体实施细则《关于执行大气污染物特别排放限值的公告》。该规划将京津冀、长三角、珠三角等"三区十群"19 个省(区、市)47 个地级及以上城市划分为重点控制区,对其实施更严格的环境准入条件,执行重点行业污染物特别排放限值。后者于 2014 年出台,是国家推动地方政府落实环保目标责任制的一种行政手段,明确指出若辖区内存在未完成环保目标任务、环境质量明显恶化、建设项目环境违法问题突出等情形,地方政府有关负责人应当被约谈。

我国部分区域在环境规制联防联控上有一些探索。以京津冀地区为例,空气污染的跨区域特征迫使其率先推进了大气污染联防联控框架机制。该机制启动于 2013 年,初步完善于 2014 年。2017 年设立了国内首个跨地区环保机构京津冀大气环境保护局,并于2018年完成环境监测垂直管理改革。京津冀地区大气治理取得显著成效,需要更多实质性推进。

二、理论分析与研究假设

1. 环境规制的区域差异与重污染企业空间布局

现有文献最早从国家层面的"污染避难所"假说是否成立开始讨论环境规制对于污染转移的影响,后续研究将重心聚焦在我国区域间环境规制不协调对污染转移的影响。对该问题分析的逻辑起点是区域间环境规制程度是否存在差异。从政府环保目标来看,省际差异是存在的。比如,在"十一五"规划中的减排任务分配就存在明显的省际差异(Wu et al.,2017)。从立法层面来看,中国各省份1990年以来与环境监管有关的地方性法规和条例呈现出较大的地区差异(包群 等,2013)。从执法层面来看,众多文献证实了我国环境规制的不完全执行具有普遍性,环境规制区域间竞争存在"逐底竞争"或"标尺竞争"等策略性互动行为,导致区域间环境规制存在差异(张华,2016)。此类研究更多关注的是环境规制执行主体即地方政府间的策略行为,并未涉及企业作为环境规制对象在污染转移上的策略行为。

在区域间环境规制差异事实存在的基础上,需要继续讨论的问题是,环境规制差异是否导致了企业迁移至"环境规制洼地"?即使环境规制存在差异,也无法推导出企业必然会迁移。实际上,企业尤其是纳税大户在应对环境规制时具有较强的谈判能力,在与环保部门的博弈中能获得较大的弹性生存空间(席鹏辉,2017),因此空间迁移仅仅是众多战略备选项中的一种。但也有较多文献证实了"污染避难所"效应的存在性。Chen等(2018)认为,区域间环境规制强度差异促使污染活动从高规制强度的下游转移到了低规制强度的上游,导致了长江流域的水质恶化。周浩和郑越(2015)发现,高强度环境规制显著抑制了新建制造业企业的迁入。在美国也有类似发现,在《清洁空气法案》实施后,同类行业在治污成本高的郡新增企业数量比治污成本低的郡低26%~45%(Becker and Henderson,2000)。此外,关于区域间环境规制差异影响企业转移路径的分析,主要在三个层面进行。其一,在整体层面上研究了跨行政区域的大尺度转移。

此类研究观点大多遵循传统的梯度转移理论，认为污染企业转移趋势是从东部向中西部转移（Wu et al.，2017）。其二，从邻近城市的溢出效应入手，认为环境污染在邻近城市就近转移（沈坤荣、周丽，2020）。其三，研究污染企业在行政区域内部转移的边界效应（Cai et al.，2016；Kahn et al.，2015）。从研究轨迹可以看出，针对该问题的研究尺度正逐步精细化。但以上文献在分析环境污染转移时均采用城市层面汇总信息分析，无法识别企业异质性，并且对污染转移的判断仅仅建立在数据显示污染总量一增一减的逻辑推演上，无法验证环境污染是否是由原有污染企业转移过来的。

综上所述，目前，我国不同地区在节能减排任务分配、环境立法水平、环境执法能力和强度等方面都存在差异，这为重污染企业通过向环境规制较弱地区迁移降低环境规制成本创造了空间。与此同时，环境规制压力下重污染企业具有较强的规避环境规制动机。环境规制本质上是通过将重污染企业造成的社会环境治理成本转化为私人成本，达到调节其污染行为的目的。因此，环境规制高压下重污染企业面临的首要问题是成本上升，并且受限于自身实力往往难以在短期内完成清洁化转型，甚至根本无法实现。这就促使部分重污染企业滋生出较强的规避环境规制动机。考虑到邻近地区社会经济环境往往相近，在环境规制的政策与行动方面通常能够且需要协同配合，使得邻近地区的环境规制强度相对趋近。因此，环境规制强度较高地区的重污染企业往往需要进行较远距离的迁移才能真正达到规避管制的目的，否则有再次被环境规制限制的风险。因此，提出以下假设。

H_1：母公司所在地环境规制越严格，重污染企业异地设立子公司数量越多，分布越分散，迁移距离越远。

2. 重污染企业迁移的动机和经济效果

企业的空间布局决策是一个涉及多维度且相互制约的复杂问题。在异地设立子公司，无法享有如同在本地设立子公司的信息和资源便利，需要付出更高的信息成本。但当企业将所有子公司都设立在本地时，虽然面临的现实障碍少，可一旦出现不利政策，抗风险能力差。"不把鸡蛋放在同一个篮子里"是应对不利风险的策略。对于重污染企业而言，环境规制遵从成本更是决策时不得不考虑的因素。企业决策者必须权衡这些冲突的目标，选择合适的区位设立子公司并决定投资的额度。

企业选择迁移，本质上是利益的驱使，利润激励是其决策背后的推动力。对于重污染企业来说，更严格的环境规制政策出台意味着需要承担更高的成本、获得更少的利润。规制遵从成本增加使得清洁型企业相较于污染企业更有成本优势，导致重污染企业的产品市场份额逐渐缩减，利润随之下降。随着环境规制不断提高，重污染企业利润空间不断被压缩，通过向外转移拓展生存空间进而提高利润的动机增强。在实践中，向外迁移往往是重污染企业应对更严格环境规制最直接快捷的方式。当环境规制增强时，重污染企业若选择转换生产其他产品，就会面临抛弃原有竞争优势、不熟悉新产品、缺乏市场机会等问题，不仅转型成本高昂，还需要耗费较长时间去探索。而选择向外迁移，企业仍然在原有的业务领域参与竞争，相对而言面临的压力和风险更小。环境规制区域间差异的存在为其创造了空间，在各地政府积极招商引资背景下，这种决策难度相对较小，只需要选择环境污染容忍度高的区域即可。因此，企业选择迁移是最直接的应对方式，转移失败无奈才会选择转型。比如，顺德涂料企业当面临更严格的环境规制时首先选择集体转移至武江，但当转移成本过高时转而谋求就地转型①。由此，提出以下假设。

H_2：母公司所在地环境规制加强会显著降低重污染企业利润，并且这种负向影响随着重污染企业异地子公司数量的增加而减弱。

环境规制对重污染企业决策的影响路径见图 6-1。

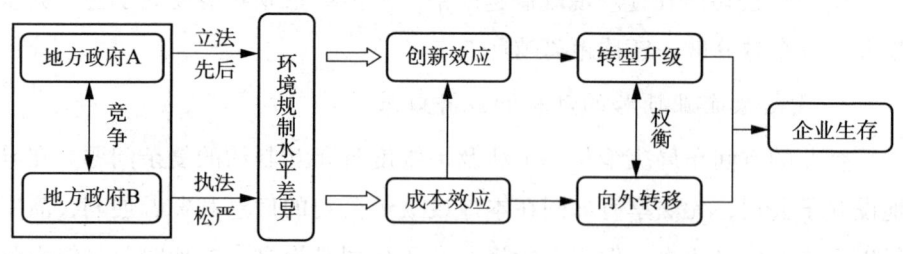

图 6-1　环境规制对重污染企业决策的影响路径

---

① 资料来源：黎佰深. 涂料产业转移样本［J］. 涂饰商情，2013-12（上期）；黎子钘. 顺德涂料的打开方式就是"走出去"? 胡景钊会长说［J］. 顺商，2015（7）．

3. 重污染企业转移的政策协同治理

重污染企业污染转移现象频发，其根源在于地方政府之间激烈的竞争关系。中国环境规制政策遵循"中央制定决策—地方执行实施"的路径，环境政策执行主要依靠地方政府。然而，长期以来，地方政府对环境政策的执行力度存在很大差异。这一起因在于，财政分权和晋升锦标赛制度塑造的地方政府以追求自身经济利益为核心目标，而环境问题的特殊性又致使地方政府将其置于较低优先级处理。具体而言，一是环境治理不容易出政绩，激励不足。环境治理需要付出长期努力，见效慢，而政府官员的任期则相对较短，显然将关注点放在短期容易出政绩的领域获得的收益更为显著。二是环境问题在短期内不容易被觉察，惩罚机制相对薄弱。重污染企业能够带来税收和就业，对经济增长的推动显而易见，而一些非极端严重的环境破坏，短期内不易被觉察与评估，这使得中央对地方的监督因信息不对称而被弱化。因此，在晋升锦标赛的驱动下，地方政府之间在经济增长上"相互较劲"，在环境政策执行上"以邻为壑""逐底竞争"，环境问题被置于经济发展优先级之后，尤其是当两者存在冲突时，以牺牲环境保护换取经济增长的现象时有发生（沈洪涛、周艳坤，2017）。

地方政府环境规制的差异性，为重污染企业的环境污染转移创造了机会。若改变这种局面，各地协同治理势在必行，然而单纯依赖地方政府之间的合作可能缺乏足够的激励。中央政府的高位推动以及在政策落地过程中的巡视、监督和检查，是我国环境政策得到切实执行的关键（Zhang et al.，2018）。目前，有文献讨论了中央层面非对称环境规制政策如环保约谈制度的实施效果。但这些研究一般是从被治理区域的空气污染物数量、治理效率等角度展开的（石庆玲 等，2017），对环境污染转移治理效果缺乏关注。不过，由于中央的权威性和大力推进，改变了地方政府环境政策非完全执行和"以邻为壑"的局面，以上研究都证实了中央层面的环境规制有效性，有理由认为这些措施对抑制污染转移也具有积极作用。由此，提出以下假设。

H_3：中央层面政策协同环境规制政策能够抑制重污染企业转移。

第三节 实证策略与设计

一、实证策略

本章研究核心是环境规制对企业空间迁移的影响,以企业子公司数量的相关指标为被解释变量。基准回归模型具体设定如下:

$$numsub_{i,t}=\beta_0+\beta_1 REG_{i,t}+\beta_2 Controls+\mu_i+\varepsilon_{i,t} \tag{6-1}$$

其中,$numsub$ 表示企业子公司数量指标,包括在外省、外市等子公司的绝对数量和相对占比等7个变量;REG 表示环境规制变量,在基准回归部分使用环境规制熵权法得分 ERS 来衡量,在治理效果部分,使用 PSM-DID 方法时,环境规制变量分别用环保约谈 DID 和重点控制 DID 来表示,当上市公司企业 i 所在地级市在 t 年处于环保约谈城市或重点控制区域时取值为 1,否则取值为 0;$Controls$ 为本章选定的控制变量,包括企业规模、行业集中度、资产负债率、盈利能力、经营效率、非流动性资产占比、治理特征、母公司所在地宏观环境等变量;μ_i 表示不随时间改变的固定效应;$\varepsilon_{i,t}$ 表示随机误差项;β_0、β_1、β_2 为待估系数,β_1 为本章重点关注的系数,表示环境规制对企业空间迁移的影响,其符号显著为正说明环境规制对企业异地设立子公司起到了促进作用,显著为负则说明有明显的抑制效应。

需要强调的是,实证部分需要解决的最核心问题是识别环境规制对企业迁移的因果效应,解决这个问题可能面临几个挑战。首先,企业的相对迁移受多种因素影响,其中,强有力的竞争性假设是企业的市场需求影响企业在外设立子公司,进行相对迁移。为解决这一问题,通过对此污染型企业与非污染型企业,识别环境规制对于它们相对迁移的影响差异,以此来检验该假设。其次,环境规制变量的衡量问题。目前,衡量环境规制如采用去除率、治理费用等方式都存在内生性问题。为解决这一问题,在治理效果分析部分选取环保约谈和重点控制区域两项环境规制政策作为准自然试验，采用了PSM-DID方法验证结论。双重差分方法被广泛运用于政策效果评估，但由于城市是否被约谈、是否属于重点控制城市并非随机选择的，并且处理组和对照组城市之间存在不同特征，直接使用双重差分方法可能会产生选择性偏差，进而造成内生性问题。而PSM-DID方法首先通过倾向得分匹配，找到与处理组具有尽可能相似特征的对照组；其次通过双重差分得到政策影响的平均处理效应，解决了选择性偏差问题，使得结果更加可靠。同时，所有控制变量都进行了滞后一期处理，以此减缓互为因果造成的内生性问题。

二、样本选择与数据来源

本章以上市公司的子公司数量分布来衡量其空间布局情况，考察环境规制对企业异地经营的影响。所用到的数据主要有上市公司和子公司的地理数据与财务数据、环境规制数据以及母公司所在地宏观环境数据。上市公司地理数据和财务数据来自同花顺金融数据库。宏观环境控制变量均来自各省级统计局统计年鉴和《中国区域经济统计年鉴》，将直辖市视为地级市单元分析，其他关于环境规制强度数据则来自《中国城市统计年鉴》。

上市公司的子公司空间分布数据是本章最为核心的数据，借鉴以往文献处理方式（曹春方 等，2015；曹春方、贾凡胜，2020），通过手工整理获得。整理步骤如下：一是通过查询上市公司年报的"长期股权投资"项目，获取上市公司子公司名称，时间跨度为2006—2016年。二是根据子公司名称中含有的地理位置信息识别出地理位置。比如，公司名称中含有"某某市某某公司"，可以直接获取其所在地级市位置。三是对于无法根据名称获取地理位置信息的公司，通过企查查等软件查询获取，并进行手工修正。四是对不在研究范围内的数据进行清理。首先，剔除了海外子公司数据。剔除原因在于：一方面，其财务数据大多缺失严重且重污染企业设立海外子公司的数量很少，占总样本量的比重仅为1.7%，并入计算与否不会对本章的被解释变量造成太大影响；另一方面，现阶段中国企业设立海外子公司通常是出于企业经营状态良好时的国际化扩张动机，规避国内环境规制动机尚不明显。其次，由于本章重点关注对企业发展有重要影响的子公司，剔除母公司持股比例小于50%以及持股信息不详的样本。同时，在稳健性部分使用了保留母公司控股比例小于50%的子公司的全部样本进行了稳健性检验。在计算当年新建子公司时，定义其为母公司当年拥有而在上年并不存在的子公司，2006年子公司数据作为参考标准被剔除，由此得到样本期间为2007—2016年。在计算完子公司的数量、所在位置分布、距离情况后，保留这些数据，以母公司作为样本主体。最终本章共得到11942个公司年度样本。为了剔除异常值影响，本章对所有连续性变量在前后1%的水平下进行了缩尾处理。

关于重污染企业的界定，本章借鉴潘爱玲等（2019）的做法，按照中国证券监督管理委员会2012年修订的《上市公司行业分类指引》的二级行业分类划分将重污染行业界定为：B06 煤炭开采和洗选业，B07 石油和天然气开采业，B08 黑色金属矿采选业，B09 有色金属矿采选业，C17 纺织业，C19 皮革、毛皮、羽毛及其制品和制鞋业，C22 造纸和纸制品业，C25 石油加工、炼焦和核燃料加工业，C26 化学原料和化学制品制造业，C28 化学纤维制造业，C29 橡胶和塑料制品业，C30 非金属矿物制品业，C31 黑色金属冶炼和压延加工业，C32 有色金属冶炼和压延加工业，D44 电力、热力生产和供应业，共有15个行业。非重污染行业为B采矿业，C制造业，D电力、热力、燃气及水生产和供应业中同门类行业的其余行业。

三、主要变量指标刻画

1. 企业转移指标的选择

产业转移的衡量方式分为两类：一类是在宏观行业层面上利用区域间投入产出的贸易量变化、工业总产值与从业人员变化、产业集中度及市场份额变化等间接判定并度量产业转移（胡安俊、孙久文，2014）；另一类是以微观企业数量变化来度量，但并未考虑新建企业与已有企业的关系（周浩 等，2015）。本章重点关注已有污染企业的相对迁移，以重污染企业在母公司所在地级市以外区域设立子公司的数量来衡量。

2. 环境规制指标的选择

现有文献主要采用以下方式衡量环境规制强度：一是治理起点上的环

保压力、目标与立法情况，如污染事件媒体曝光率（Kathuria，2007）、《政府工作报告》中环保词汇出现频率（Chen et al.，2018）、环保立法数量（包群 等，2013）；二是治理过程中治污减排投入、成本与执法情况，如资金和人员投入（徐志伟 等，2020）、规制检查次数（Brunnermeier and Cohen，2003）；三是治理效果上的单一或综合环境污染物去除率和污染排放量变化（沈坤荣 等，2017）。考虑到治理起点无法避免执法不到位、治理过程中指标单一化问题及数据可得性，本章采用第三种方法：综合指数法来衡量，计算得出环境规制熵权法得分 ERS。

3. 控制变量的选择

为了避免潜在内生性，本章参考已有文献（曹春方 等，2015；魏下海 等，2021），控制了企业特征、宏观环境等影响企业空间布局的变量，具体如下：①企业规模（lnsize）。规模越大的企业根植性越强，在迁出地脱嵌和迁入地嵌入中难度更大，迁移复杂程度越高，本章使用资产总计取对数衡量。②行业集中度（hhi5）。市场竞争是影响企业扩张决策的重要因素，本章以行业内营业收入前五名企业为基础的赫芬达尔指数反映行业竞争程度。③获取融资是企业扩张投资的重要条件，本章采用资产负债率（lev）、盈利能力（ROA）与经营效率（lirun，用企业主营业务利润率来衡量）反映企业融资难易程度和资金丰裕程度。④非流动性资产占比（flow）。迁出地的厂房和设备构成了企业迁移的沉没成本，沉没成本越高，迁移阻力越大。本章采用企业非流动性资产占比反映企业迁移沉没成本。⑤由于治理特征会影响企业空间布局决策，因此，本章控制了两权分离率（separa）、第一大股东持股比例（top1）、二职合一（dual）、基金持股比例（jijin）以及管理费用占营业收入比重（mfee）等变量。⑥企业所在地宏观环境对企业的吸引作用主要体现在低的土地使用成本、大量的熟练员工和政府对上市公司的重视优待等因素，分别采用母公司所在市房地产投资占GDP百分比、母公司所在市制造业人数所占百分比、母公司所在市上市公司数量占规模以上企业数百分比来衡量土地成本、人力资本、企业受重视程度。变量定义说明与描述性统计如表6-1所示。

表6-1 变量定义说明与描述性统计

符号	变量说明	观测值	平均值	标准差	最小值	最大值
ln*numcwc*	外市子公司数量对数值	11942	1.542	0.978	0.000	4.111
ln*numcwp*	外省子公司数量对数值	11942	1.290	0.998	0.000	4.007
ln*numcwctp*	同省外市子公司数量对数值	11927	0.531	0.728	0.000	2.833
ln*numctc*	同市子公司数量对数值	11942	1.372	0.800	0.000	3.219
ln*numctp*	同省子公司数量对数值	11942	1.604	0.813	0.000	3.466
ln*numzwc*	新建外市子公司数量对数值	11942	0.657	0.765	0.000	3.091
ln*numzwp*	新建外省子公司数量对数值	11942	0.540	0.720	0.000	2.944
ln*numzwctp*	新建同省外市子公司数量对数值	11938	0.176	0.401	0.000	1.792
ln*numztc*	新建同市子公司数量对数值	11942	0.473	0.597	0.000	2.398
ln*numztp*	新建同省子公司数量对数值	11942	0.594	0.665	0.000	2.639
rcwc	外市子公司数量总占比	11942	0.529	0.320	0.000	1.000
rcwp	外省子公司数量总占比	11942	0.398	0.317	0.000	1.000
rzwc	新建外市子公司数量总占比	11942	0.408	0.428	0.000	1.000
rzwp	新建外省子公司数量总占比	11942	0.316	0.398	0.000	1.000
ln*rangewp*	外省子公司所在省份范围	11942	1.059	0.772	0.000	2.944
ln*rangewc*	外市子公司所在地级市范围	11942	1.327	0.823	0.000	3.555
ERS	环境规制熵权法得分	11942	0.777	0.109	0.413	0.953
lnsize	资产总计取对数	11942	8.161	1.192	5.363	11.754
hhi5	以行业内营业收入前五名企业为基础的赫芬达尔指数	11942	0.274	0.071	0.202	0.519
lev	总负债/总资产×100%	11942	42.339	20.418	5.089	110.271
flow	非流动资产占总资产比重	11942	44.927	19.377	7.768	90.570
mfee	公司管理费用占营业收入百分比	11942	9.295	6.480	1.115	48.949
separa	两权分离率百分比	11942	5.345	7.943	0.000	29.098
top1	第一大股东持股百分比	11942	36.096	14.861	8.720	75.840
dual	二职合一,当董事长与总经理为同一人时赋值为1,否则为0	11942	0.249	0.433	0.000	1.000
jijin	基金持股比例	11942	0.742	2.188	−6.645	4.008
ROA	总资产报酬率	11942	6.801	6.468	−16.973	30.700

续表

符号	变量说明	观测值	平均值	标准差	最小值	最大值
lirun	利润总额占营业收入百分比	11942	9.445	14.700	-81.904	61.568
fdcb	母公司所在市房地产投资占 GDP 百分比	11942	13.150	6.358	2.598	34.249
zzyrk	母公司所在市的制造业人数所占百分比	11942	10.807	14.977	0.542	77.904
shslzb	母公司所在市上市公司数量占规模以上企业数百分比	11942	0.943	0.964	0.080	5.114

第四节 环境规制影响重污染企业空间布局的回归分析

一、基准回归分析及稳健性检验

企业在面临环境规制政策的改变时，空间迁移决策会同时面临不同区域范围选择，如在外省、外市、同省外市、同省、同市等设立子公司。表6-2列示了环境规制对企业子公司在不同区域数量的影响检验结果，将样本分为重污染企业和非重污染企业，被解释变量为按照母公司所在地为基准划分的不同区域的子公司数量，包括外省、外市、同省外市三个异地范围和同省、同市两个同地范围，后者可以作为前者的对照进行分析。观察重污染企业样本部分，第（1）列和第（2）列结果显示，更高程度的环境规制至少在5%的水平下显著增加了重污染企业在外市和外省的子公司数量。与此同时，第（3）~（5）列结果显示不显著，这说明，一方面，在严厉的环境规制政策下，重污染企业倾向在外省多建子公司，而在省内多建子公司的现象并不明显，环境规制引发的重污染企业跨省转移确实存在；另一方面，环境规制促进子公司数量的增加并不是企业发展性扩张造成的，因为考虑到迁移到异地的距离越远所需的信息成本以及社会关系的嵌入成本越高，企业发展性扩张一般遵循由近及远的路径，不会单单在省外设立子公司。这从非重污染企业样本部分的结果也可以得到佐证。观察非重污染企业第（1）~（5）列的系数可以发现，环境规制越强，非重污染企业所有区域范围内的子公司数量越多。原因在于：环境规制越强，非重污染企业的成本优势越强，企业扩张性发展的需求越高，会设立更多的子公司。但子公司位置的选择范围并不局限在外省和外市，而是普遍性增加。两相对比，可以部分排除扩张性转移动机在重污染企业行为选择中的影响，即重污染企业在外省和外市设立更多异地子公司确实是受环境规制约束的影响。

表 6-2　环境规制对企业子公司数量影响检验

变量名称		以母公司所在地为基准，处于不同区域的子公司数量				
		（1）	（2）	（3）	（4）	（5）
		外市	外省	同省外市	同市	同省
重污染企业	环境规制	0.299** (2.17)	0.463*** (3.20)	0.134 (1.10)	0.009 (0.08)	0.065 (0.53)
	控制变量	Yes	Yes	Yes	Yes	Yes
	年份	Yes	Yes	Yes	Yes	Yes
	观测值	3565	3565	3557	3565	3565
非重污染企业	环境规制	0.425*** (3.28)	0.421*** (3.10)	0.124 (1.44)	0.224** (2.32)	0.208** (2.06)
	控制变量	Yes	Yes	Yes	Yes	Yes
	年份	Yes	Yes	Yes	Yes	Yes
	观测值	6496	6496	6491	6496	6496

注：括号内为 t 值；***、**、*分别表示在1%、5%和10%的水平下显著；回归中同时使用稳健聚类标准以消除异方差的影响。限于篇幅，企业规模 lnsize、行业集中度 hhi5、资产负债率 lev、盈利能力 ROA、经营效率 lirun、非流动性资产占比 flow、治理特征（包括两权分离率 separa、第一大股东持股比例 top1、二职合一 dual、基金持股比例 jijn、管理费用占营业收入比重 mfee）、母公司所在地宏观环境（包括土地成本 fdcb、人力资本 zzyrk、重视程度 shslzb）及常数项的回归结果未予列示，结果留存备索；如无备注说明则以下各表同。

以上结果仅能表明，随着环境规制力度的增强，重污染企业的异地子公司数量会相应增加。然而，这不能直接证实存在更为严格意义上的呈现此消彼长式的企业相对迁移现象，因为在此过程中，企业子公司的总数可能也在增加。所以，有必要引入异地子公司数量在所有子公司数量中的占比这一指标，以进一步排除企业扩张性动机造成的干扰。若异地子公司占比上升，则表明异地相对迁移确实存在。表 6-3 列示了环境规制对于两种类型企业异地子公司数量占比影响的检验结果。对非重污染企业来讲，环境规制并没有显著增加其外省和外市子公司的占比，结合表6-2的结果来看，这一现象比较容易理解，因为非重污染企业设立子公司是在所有区域普遍增加，外省和外市并不显著占优。但对重污染企业来说，更强的环境规制促进了企业外省和外市子公司占比的增加，这表明在环境规制更强时应相对减少母公司所在地子公司数量，增加外省和外市子公司数量，即存在企业空间布局上的相对迁移。

表6-3　环境规制对企业子公司数量占比影响检验

变量名称	以母公司所在地为基准，处于不同区域的子公司数量占比			
	非重污染企业		重污染企业	
	(1)	(2)	(3)	(4)
	外市	外省	外市	外省
环境规制	0.036 (0.91)	0.047 (1.13)	0.088** (2.23)	0.088** (2.06)
控制变量	Yes	Yes	Yes	Yes
年份	Yes	Yes	Yes	Yes
观测值	6496	6496	3565	3565

为了保证上述结果的稳健性，本章通过控制大量企业特征和宏观环境变量防范严重遗漏变量问题；对所有控制变量滞后一期处理缓解可能的双向因果问题；对所有变量在1%水平下缩尾处理来剔除极端值干扰；在后文采用PSM-DID方法检验防止环境规制变量出现测量误差。本章还通过以下方式进行了稳健性检验：首先，更换样本范围，保留母公司控股比例不足50%的子公司，采用包含全部子公司数量的变量指标进行分析。具体来说，本章还对将北京、上海、深圳、广州、重庆、天津等经济水平高的城市剔除后的样本进行回归。采用以上方式更换样本后的回归结果都与基准回归一致。其次，采用企业新建子公司数量作为被解释变量。研究发现，在环境规制加强的情形下，重污染企业外省新建子公司绝对数量和相对占比都在1%的水平下正显著，支持基准回归中重污染企业跨省迁移的结论。最后，鉴于企业子公司数量截断特征比较明显，使用面板Tobit进行回归。结果与基准回归基本一致（见表6-4至表6-10）。

表 6-4 稳健性检验：环境规制对企业全部子公司数量影响检验

变量名称		以母公司所在地为基准，处于不同区域的子公司数量				
		（1）	（2）	（3）	（4）	（5）
		外市	外省	同省外市	同市	同省
重污染企业	环境规制	0.273**	0.473***	0.084	-0.002	0.076
		（2.06）	（3.37）	（0.71）	（-0.02）	（0.65）
	控制变量	Yes	Yes	Yes	Yes	Yes
	年份	Yes	Yes	Yes	Yes	Yes
	观测值	3810	3810	3800	3810	3810
非重污染企业	环境规制	0.570***	0.562***	0.093	0.436***	0.411***
		（4.61）	（4.29）	（1.04）	（4.42）	（3.97）
	控制变量	Yes	Yes	Yes	Yes	Yes
	年份	Yes	Yes	Yes	Yes	Yes
	观测值	6840	6840	6835	6840	6840

表 6-5 稳健性检验：环境规制对企业全部子公司数量占比影响检验

变量名称	以母公司所在地为基准，处于不同区域的子公司数量占比			
	非重污染企业		重污染企业	
	（1）	（2）	（3）	（4）
	外市	外省	外市	外省
环境规制	0.049	0.066	0.107**	0.117***
	（1.22）	（1.62）	（2.28）	（2.77）
控制变量	Yes	Yes	Yes	Yes
年份	Yes	Yes	Yes	Yes
观测值	6840	6840	3810	3810

表 6-6 稳健性检验：环境规制对企业剔除经济发达地区子公司数量影响检验

变量名称		以母公司所在地为基准，处于不同区域的子公司数量				
		（1）	（2）	（3）	（4）	（5）
		外市	外省	同省外市	同市	同省
重污染企业	环境规制	0.249*	0.446***	0.122	-0.065	0.002
		（1.77）	（3.00）	（0.91）	（-0.56）	（0.02）
	控制变量	Yes	Yes	Yes	Yes	Yes
	年份	Yes	Yes	Yes	Yes	Yes
	观测值	3810	3810	3800	3810	3810

续表

变量名称		以母公司所在地为基准，处于不同区域的子公司数量				
		（1）	（2）	（3）	（4）	（5）
		外市	外省	同省外市	同市	同省
非重污染企业	环境规制	0.425***	0.403***	0.128	0.222**	0.202*
		(2.99)	(2.68)	(1.23)	(2.06)	(1.79)
	控制变量	Yes	Yes	Yes	Yes	Yes
	年份	Yes	Yes	Yes	Yes	Yes
	观测值	6840	6840	6835	6840	6840

表 6-7　稳健性检验：环境规制对企业剔除经济发达地区子公司数量占比影响检验

变量名称	以母公司所在地为基准，处于不同区域的子公司数量占比			
	非重污染企业		重污染企业	
	（1）	（2）	（3）	（4）
	外市	外省	外市	外省
环境规制	0.036	0.038	0.092**	0.095**
	(0.79)	(0.80)	(2.24)	(2.11)
控制变量	Yes	Yes	Yes	Yes
年份	Yes	Yes	Yes	Yes
观测值	6840	6840	3810	3810

表 6-8　稳健性检验：环境规制对企业新建子公司数量影响检验

变量名称		以母公司所在地为基准，处于不同区域的新建子公司数量				
		（1）	（2）	（3）	（4）	（5）
		外市	外省	同省外市	同市	同省
重污染企业	环境规制	0.263*	0.346***	0.003	-0.093	-0.085
		(1.73)	(2.66)	(0.03)	(-0.71)	(-0.53)
	控制变量	Yes	Yes	Yes	Yes	Yes
	年份	Yes	Yes	Yes	Yes	Yes
	观测值	3565	3565	3564	3565	3565
非重污染企业	环境规制	0.115	0.050	0.023	-0.084	-0.046
		(0.86)	(0.39)	(0.32)	(-0.70)	(-0.37)
	控制变量	Yes	Yes	Yes	Yes	Yes
	年份	Yes	Yes	Yes	Yes	Yes
	观测值	6496	6496	6495	6496	6496

表6-9 稳健性检验：环境规制对企业新建子公司数量占比影响检验

变量名称	以母公司所在地为基准，处于不同区域的子公司数量占比			
	非重污染企业		重污染企业	
	（1）	（2）	（3）	（4）
	外市	外省	外市	外省
环境规制	0.104 (1.16)	0.088 (1.06)	0.087 (0.91)	0.178** (2.25)
控制变量	Yes	Yes	Yes	Yes
年份	Yes	Yes	Yes	Yes
观测值	6496	6496	3565	3565

表6-10 稳健性检验：环境规制对重污染企业子公司数量影响面板 Tobit 检验

变量名称	（1）	（2）	（3）	（4）	（5）
	外市	外省	同省外市	同市	同省
环境规制	0.343*** (3.31)	0.668*** (5.46)	0.240* (1.83)	0.025 (0.26)	0.082 (0.94)
控制变量	Yes	Yes	Yes	Yes	Yes
年份	Yes	Yes	Yes	Yes	Yes
观测值	3565	3565	3557	3565	3565

二、分布特征和产权异质性检验

为了刻画企业迁移的分布特征，本部分引入子公司分散程度和母子公司距离两个维度进行分析。子公司的分散程度采用所有异地子公司涉及的省份数量和地级市数量来衡量。在借鉴饶品贵等（2019）研究的基础上，母子公司距离采用如下方式计算：

$$disw_{i,t} = \ln[1 + (\sum dis_{i,j,t} \times weight_{i,j,t})/numcwc_{i,t}] \quad (6-2)$$

其中，$disw_{i,t}$ 表示企业 i 在 t 年与子公司的平均加权距离，$dis_{i,j,t}$ 表示在 t 年企业 i 所在地级市与子公司 j 所在地级市的绝对距离，$weight_{i,j,t}$ 表示企业 i 在 t 年拥有子公司 j 的资产金额占所有子公司资产总金额的比重，$numcwc_{i,t}$ 表示企业 i 在 t 年外市子公司数量。

表6-11 列示了环境规制影响企业子公司分布特征的检验结果，第

(1)～(3)列对应非重污染企业样本结果,第(4)～(6)列对应重污染企业样本结果。在重污染企业样本中,环境规制对子公司所涉及省份数量、地级市数量和加权距离的影响分别在10%、5%、5%的水平下显著为正。这表明随着环境规制的加强,重污染企业子公司分布的省市数量越多、越分散,母子公司距离也越远。而非重污染企业的子公司并没有展现出此类特征。重污染企业通过更分散、更远的空间分布规避环境规制的策略行为得到进一步证实。

表6-11 环境规制影响企业子公司分布特征检验

变量名称	以母公司所在地为基准,处于不同区域的新建子公司数量					
	(1)	(2)	(3)	(4)	(5)	(6)
	省份数量	地级市数量	加权距离	省份数量	地级市数量	加权距离
环境规制	0.069 (0.93)	0.025 (0.38)	0.228 (0.66)	0.180* (1.96)	0.170** (2.25)	1.131** (2.56)
控制变量	Yes	Yes	Yes	Yes	Yes	Yes
年份	Yes	Yes	Yes	Yes	Yes	Yes
观测值	6496	6496	5507	3565	3565	2954

注:为了控制子公司数量对省市分布数量和迁移距离的影响,本部分除表6-2所列控制变量,额外添加了子公司数量变量。

企业产权属性是讨论环境规制对重污染企业空间布局影响异质性难以回避的维度。但环境规制对国有企业与民营企业跨地区经营的影响差异难以预判。一是环境规制带来的迁出压力不同。国有企业与民营企业所承受环境规制力度有差异,难以判断谁受到的环境规制影响更大。由于存在隶属关系,国有企业可能响应政府环境规制政策积极性更高,但也可能由于政府"父爱主义"而受到政府的庇护。二是在迁入地跨区域经营的适应性不同。国有企业跨区域经营面临的障碍更可能由政府层面进行沟通协调(曹春方、贾凡胜,2020),民营企业更多依靠自身力量,适应难易程度不同。两项因素叠加更是增加了判断的不确定性。表6-12列示了环境规制对不同性质重污染企业子公司数量影响的检验结果,第(1)～(3)列对应国有企业样本结果,第(4)～(6)列对应民营企业样本结果。结果显示,当环境规制增强时,国有企业在外市和外省两个范围内的子公司数量至少在10%的水平下都显著增加,民营企业只有外省范围内的子公司数量在5%的水平下显著增加。此外,无论国有重污染企业还是民营重污染企业,环境规制越高,子公司与母公司平均加权距离就越远。因此,面对更严苛的环境规制,国有重污染企业和民营重污染企业都存在污染转移的策略行为。并且,民营企业倾向于选择跨省而不是跨市的大尺度迁移,"一劳永逸"式规避环境规制的动机更明显。

表6-12 环境规制对不同性质重污染企业子公司数量影响检验

变量名称	以母公司所在地为基准,处于不同区域的子公司数量					
	(1)	(2)	(3)	(4)	(5)	(6)
	外市	外省	加权距离	外市	外省	加权距离
环境规制	0.306* (1.74)	0.477*** (2.60)	1.140** (1.98)	0.335 (1.52)	0.490** (2.09)	1.476** (2.23)
控制变量	Yes	Yes	Yes	Yes	Yes	Yes
年份	Yes	Yes	Yes	Yes	Yes	Yes
观测值	1935	1935	1538	1489	1489	1294

注:第(3)列、第(6)列额外控制了子公司数量变量。

三、经济效果检验

以上基准回归的结论表明,在环境规制趋严的情形下,重污染企业会在外地设立更多子公司。那么,这种迁移决策能否提升企业的利润?如果是肯定的回答,那么异地迁移可能会成为重污染企业抵御严苛环境治理的第一反应,虽然政府可以不断出台各项政策,但是"上有政策,下有对策",这种治理上的漏洞将会使环境规制的治理效果大打折扣。因此,迁移决策的有效性仍旧是一个值得讨论的问题。从理论上讲,企业迁移具有利润激励效应。企业的目标是追求利润最大化,其愿意进行迁移,势必是评估了企业迁移的成本和收益,并且预期能够获得正利润。这种迁移能否盈利本质上是一个经验问题,主要在于比较迁移成本和规制遵从成本的大小。鉴于更严格环境规制带来的高额规制遵从成本,企业通过迁移能够大幅缩减规制遵从成本。但在实践中,异地经营面临众多障碍,迁移成本也不容忽视,重污染企业能否通过异地设立子公司获得更高利润仍有疑问。

首先,企业异地经营存在信息和资源劣势。相比本地企业,外来企业在信息和资源方面具有天然的劣势,这不仅使得企业向异地发展时面临着高昂的进入成本,也使得企业在整合和利用异地资源时面临着巨大障碍。其次,企业异地设立子公司意味着原有社会关系的断裂,而嵌入新区位的社会关系网络需要花费大量时间和精力,且不确定性高。最后,异地经营会增加企业管理难度,需要额外付出成本来处理母子公司信息不对称造成的问题。目前,有不少研究已经证实了企业异地经营对企业价值存在显著的负向影响(曹春方、贾凡胜,2020)。

表6-13列示了重污染企业在环境规制影响下进行异地迁移的经济效果。结果显示,环境规制与是否属于重污染行业的交叉项至少在5%的水平下显著为负,表明相对于非重污染企业,环境规制显著降低了重污染企业的利润,环境规制越强,对重污染企业负向影响越大;而环境规制、是否属于重污染行业以及重污染企业异地子公司分布(数量或占比)三者交叉项均在1%的水平下显著为正,表明环境规制对重污染企业利润的负向影响随着重污染企业异地子公司分布的增加而减弱。无论采用绝对数量还是相对占比的衡量方式,也无论在外市还是外省设立子公司,以上结论都显著成立。因此,重污染企业在环境规制增强时通过设立异地子公司可以缓解对利润的负向影响。证实了H_2。

表6-13 重污染企业异地迁移经济效果检验

变量名称	企业利润总额			
	(1)	(2)	(3)	(4)
环境规制×污染	-0.785** (-2.52)	-0.721** (-2.30)	-0.931*** (-3.02)	-0.779** (-2.50)
环境规制×污染× 外市子公司数量	0.305*** (6.49)			
环境规制×污染× 外省子公司数量		0.273*** (5.19)		
环境规制×污染× 外市子公司数量占比			0.240*** (3.75)	

续表

变量名称	企业利润总额			
	(1)	(2)	(3)	(4)
环境规制×污染×外省子公司数量占比				0.207＊＊＊ (2.85)
其余两两交叉项	Yes	Yes	Yes	Yes
控制变量	Yes	Yes	Yes	Yes
年份	Yes	Yes	Yes	Yes
观测值	9199	9199	9199	9199

四、主营项目成本机制检验

以上部分已验证环境规制显著促进了重污染企业的空间转移，但作用机制与传导过程是怎样的？考虑到环境规制影响企业迁移机制最为直观的逻辑是，环境规制通过影响企业经营成本促使企业异地迁移，本部分实证检验这一逻辑是否成立。由于受环境规制影响的企业成本只是企业所有营业成本的一部分，实证面临的主要问题是如何更精确地刻画受环境规制影响的那部分企业经营成本。本章采用按行业划分的主营业务构成中带来最大项目收入的项目成本。因为企业所属行业是按照主营业务划分的，重污染企业的划分也是基于此标准，所以通过这种方式能刻画受环境规制影响的主营成本。运用中介效应检验方法，在基准回归的基础上，构建如下检验方程：

$$numsub_{i,t} = \beta_0 + \beta_1 ERS_{i,t} + \beta_2 Controls + \mu_i + \varepsilon_{it} \quad (6-3)$$

$$Med_{i,t} = \alpha_0 + \alpha_1 ERS_{i,t} + \alpha_2 Controls + \eta_i + \delta_{it} \quad (6-4)$$

$$numsub_{i,t} = \gamma_0 + \gamma_1 ERS_{i,t} + \gamma_2 Med_{i,t} + \gamma_3 Controls + \varphi_i + \theta_{it} \quad (6-5)$$

其中，$Med_{i,t}$为中介变量，表示主营项目成本；环境规制对重污染企业子公司数量的总效应为β_1，直接效应为γ_1，中介变量的间接效应为γ_2。在基准回归中β_1显著为正，表明环境规制对重污染企业子公司数量及空间迁移均具有显著的正向影响，即对重污染企业的空间迁移具有显著的正向影响。如果上述检验方程回归结果显示γ_1显著为正且γ_2显著，则说明$Med_{i,t}$

是部分中介变量;若 γ_1 不显著且 γ_2 显著,则说明 $Med_{i,t}$ 为完全中介变量。以下将从中介机制检验的后两步对环境规制通过主营项目成本影响重污染企业空间迁移这一机制加以检验。

表6-14列示了主营项目成本作为中介变量的检验结果。第(1)列表明环境规制增加了重污染企业的主营项目成本。第(2)列和第(3)列列示了异地子公司数量变化,主营项目成本分别在1%、5%的水平下显著为正;环境规制对外市子公司数量影响为正,但显著性和系数都较基准回归下降;环境规制对外省子公司数量影响在1%的水平下显著为正,但系数同样小于基准回归系数。以上结果表明,主营项目成本是部分中介变量,环境规制加强会增加企业主营业务成本,以此促进企业在异地设立子公司。重污染企业污染转移表现为成本导向型转移。

表6-14 主营项目成本中介效应检验

变量名称	(1) 主营项目成本	(2) 外市子公司数量	(3) 外省子公司数量
环境规制	0.263 ** (2.20)	0.252 * (1.74)	0.438 *** (2.95)
主营项目成本		0.095 *** (2.63)	0.078 ** (2.09)
控制变量	Yes	Yes	Yes
年份	Yes	Yes	Yes
N	3150	3150	3150

第五节 环境协同治理政策效果比较

既然各地环境规制差异致使污染企业发生转移,那么中央层面统一加强环境规制能否遏制这种现象?本章选取2012年印发的《重点区域大气污染防治"十二五"规划》(以下简称"重点控制")和2014年出台的《环境保护部约谈暂行办法》(以下简称"环保约谈")作为中央层面协同治理环境污染的相关政策，运用 PSM-DID 方法检验两项政策对污染企业迁移的影响。其中，重点控制城市 47 个；截至 2016 年底，被环保约谈的城市有 31 个城市。

一、子公司视角下重点控制与环保约谈政策差异

从子公司视角来看，污染企业异地设立子公司数量的 PSM-DID 结果如表 6-15 所示，第（4）列表明，两项政策都会导致企业在外地低规制地区新建子公司数量占比增加，表现出环境规制下的污染迁移效应，证实了基准回归结论。但仔细分析就会发现，这两项政策对于污染企业的迁移影响有显著不同。两项政策的差异在于：第一，政策影响范围不同，环保约谈对迁向低规制区的异地子公司数量存量和新建异地子公司数量都有显著影响，但是重点控制只对迁向低规制区的新建异地子公司数量的影响显著；第二，政策影响方向不同，环保约谈促使低规制区异地子公司数量显著减少，但重点控制使得企业迁移新增数量显著增加。分析其原因，在于环保约谈是环境治理的动态机制，约谈范围没有具体限定，每个城市都是潜在的约谈对象，促进了所有城市对环境问题的重视，加大了环境规制执行力度。对于环保约谈，第（1）列、第（2）列结果显示，其对企业迁移的绝对存量的影响显著为负，第（3）列、第（4）列结果显示，其对企业迁移的相对占比的影响显著为正，第（5）列子结果显示，其对子公司总量的影响显著为负，且系数绝对值大于第（1）列。以上数据显示，重污染企业子公司存量与新建数量在约谈区和非约谈区都在缩减，且在约谈区下降幅度大于在非约谈区下降幅度。这表明环保约谈的政策效力覆盖了约谈区和非约谈区，环保约谈政策下重污染企业在非环保约谈区找到承接地难度加大，展现出了较好的协同治理效果。而重点控制区域政策，是静态机制，划定好了相对强规制区域和相对弱规制区域，企业向相对弱规制区域新增迁移就是比较容易理解的决策。第（2）列、第（4）列显示，重点控制政策显著促进了企业迁往非重点控制区域新建子公司，子公司数量和原有存量的变化幅度小于异地新增变化幅度。

表 6-15　子公司视角下污染企业异地设立子公司数量 PSM-DID 结果

子公司视角	子公司迁向低规制区（非环保约谈区或者非重点控制区域）				总量变化
	(1)	(2)	(3)	(4)	(5)
	子公司数量	新建子公司数量	子公司数量占比	新建子公司数量占比	子公司总量
环保约谈 DID	-0.704*** (-4.45)	-0.328* (-1.88)	0.242*** (4.19)	0.094** (2.23)	-1.150*** (-7.69)
重点控制 DID	-0.029 (-0.40)	0.112** (2.19)	-0.002 (-0.09)	0.032** (2.47)	-0.027 (-0.43)

二、母公司视角下重点控制与环保约谈政策差异

从母公司视角来看，污染企业异地设立子公司数量的 PSM-DID 结果见表 6-16，对于环保约谈政策而言，在绝对数量方面，环保约谈以 1% 的显著性水平减少了外省、外市的子公司数量，在外省子公司的相对占比也显著为负，对异地子公司新增数量和占比没有显著影响，这反映了环保约谈对治理污染企业的污染转移具有显著抑制效果，尤其是对跨省相对迁移，作用方式主要是存量调整，展现出了显著的跨区域震慑效应。对于重点控制政策而言，在绝对数量上显著增加了企业在外省和外市新建子公司的数量，在相对占比上虽然显著性不高但均为正向影响，异地子公司存量占比也有所增加，这表明重点控制政策促进了重污染企业向外地新建子公司进行转移。因此，这种静态划定范围的方式可能会诱发重污染企业污染转移策略行为，扭曲治污效果。

表 6-16　母公司视角下污染企业异地设立子公司数量 PSM-DID 结果

相对占比	以母公司所在地为基准，异地子公司或新增异地子公司数量			
	(1)	(2)	(3)	(4)
	外市	外省	外市新增	外省新增
环保约谈 DID	-0.148*** (-3.31)	-0.154*** (-3.40)	0.00 (0.00)	0.007 (0.08)
重点控制 DID	0.062 (1.47)	0.059 (1.31)	0.159*** (2.96)	0.117** (2.48)

续表

相对占比	以母公司所在地为基准，异地子公司或新增异地子公司数量			
	(1)	(2)	(3)	(4)
	外市	外省	外市新增	外省新增
环保约谈DID	-0.001 (-0.03)	-0.035*** (-2.66)	0.012 (0.16)	-0.012 (-0.20)
重点控制DID	0.030* (1.90)	0.027* (1.84)	0.057* (1.95)	0.029 (1.13)

第六节 本章小结

环境规制对重污染企业的影响存在两个效应的争论：一是"污染避难所"效应，各地污染治理力度差异为企业通过转移污染来维持生存创造了条件；二是"波特效应"，环境规制倒逼企业技术创新促进转型升级。后者符合政策期望，所以在实践中常常通过压缩"污染避难者"效应的作用空间，同时为后者创造条件，实现保护生态环境和产业升级的政策目标。本章通过对环境规制政策与企业空间布局之间关系的研究，验证了重污染企业在环境规制增强时会多设立异地子公司，分布更分散、母子公司距离更远，存在跨省污染转移；重污染企业异地设立子公司能够削弱环境规制对利润的负向影响。本章首次从企业微观层面论证了环境规制对于企业相对迁移的影响，为中国情境下"污染避难所"效应的存在提供了更具体、更翔实的论据，为实施环境政策协同、合理减少梯度差异提供了借鉴。有效的环境规制政策，不应只是诱发污染企业异地迁移，而是能够激励企业改进自身技术并完成清洁化转型升级。本章结论表明，我国环境规制政策效果存在扭曲，改进政策启示如下。

第一，在治理污染转移的整体思路上，扩大环境规制政策协同的范围和力度，完善联防联控的制度建设，探索更多有约束力的"共担共治共享"协同合作机制。本章研究发现，在现行属地管理的环境规制政策下企业存在跨区域污染的策略性行为，而跨区域协同联动是防范这种现象的有效方式。事实上，我国部分区域进行了联防联控政策的探索，如京津冀地区的大气污染联防联控框架机制。但目前实施范围局限在经济发达地区，如长江经济带、珠江经济带的部分地区性合作，大多数还属于像"APEC蓝"这种治标不治本的短期应急防控措施，合作深度仅限于监测、通报等技术层面的协商，权威性和实际约束力比较弱。应从国家统筹角度制定联合治理规划，明确联合治理主体，增强协同治理的约束力，建立支持区域联防联控行动持续开展的配套保障机制。在实践中，2021年，鲁豫两地签订的黄河流域首个省际生态补偿协议就为两地跨区域协同治理提供了约束力保障，押上财政资金和政府脸面的有成本的"对赌"就是实实在在的约束力，是值得借鉴的思路。

第二，在政策着力点选择上，将加强环境规制政策实施的刚性约束与扶助污染企业转型相结合，堵疏相济，提升环境规制有效性。本章研究发现，企业转移背后存在利润激励，污染迁移主要是成本导向型迁移，因此应把政策着力点放在影响企业成本上。一方面，强化环境规制政策的执行力度，抬高企业迁移成本，特别是对于原先环境规制较为宽松的地区，需要格外加大环保执行力度，对迁入企业污染程度进行严格审核，守好污染转移的防线，打消企业污染转移的获利预期，杜绝污染增量，从源头上摆脱先污染、后治理的状况。另一方面，扶助重污染企业降低转型升级的成本，治理污染存量，只有先打通转型升级的出路，才能有效堵住污染转移的退路。

第三，在政策工具选择上，更多采用动态协同环境规制政策，充分利用政策震慑效应破解环境规制中区域间"逐底竞争"的"囚徒困境"。本章结论表明，静态环境规制政策如划定重点控制区域等方式，给企业污染转移获利创造了空间，诱发污染转移至非重点控制区域，这种不对称政策削弱了治理污染的有效性。而像环保约谈这种动态协同环境规制政策，传递出中央治理污染的意志和决心，对约谈区和非约谈区均存在震慑作用，打破了区域间环境规制"逐底竞争"的"囚徒困境"，增强了政策有效性。因此，应慎重实施静态协同环境政策工具，更多采用动态协同环境规制政策，推进该类政策工具制度化、常态化。

第七章

区域内政策协同对企业转型升级的影响：
招商竞争视角[①]

　　本章重点研究区域内的环境规制政策与招商政策之间的协同配合问题，检验土地招商政策是否会破坏环境规制的效果，引发污染企业的跨地区转移，从而间接抑制企业的转型升级。污染源跨区域转移是深入打好污染防治攻坚战的重大障碍，对污染源跨区域转移的治理需要政策间的协同配合。地方政府通过土地优惠政策招商引资的现象普遍存在，引发了关于土地错配后果的大量讨论，但是否导致了污染源跨区域转移尚缺乏微观数据的实证支持。本章采用重污染上市公司异地建立子公司的微观数据检验了土地招商竞争对重污染企业迁移策略的影响。研究发现，地方政府土地出让价格相对越低，越能吸引重污染企业异地迁入；土地管制越宽松，重污染企业越不会向异地迁出。这表明，土地招商竞争导致了污染源呈现"存量不减、增量增加"的情况。当母公司位于东部地区、市场势力较强、具备良好的盈利能力或融资能力时，土地招商竞争更容易促进重污染企业异地迁移；地方政府调整土地出让价格，会通过降低重污染企业融资难度和营业总成本、扩大高管权力等中介机制，吸引重污染企业异地迁移。最后，利用土地储备制度和土地保障政策两种不同趋向的土地招商政策验证了土地招商竞争对治污效果的负面效应。本章为避免政策碎片化对治污效果的负面影响、强化环境规制与土地招商政策之间的协同配合提供了实证参考。

[①] 本章部分内容以《土地招商竞争对污染源跨区域转移的影响——基于重污染企业异地迁移的经验证据》为题发表在《中央财经大学学报》2023年第1期。

第一节 土地招商竞争破坏了环境规制效果引发污染转移

党的十九届六中全会通过总结近百年来党的斗争成果和普遍规律,提出了"生态文明建设是关乎中华民族永续发展的根本大计"的重要论断。《中华人民共和国国民经济和社会发展第十四个五年规划和2035年远景目标纲要》也明确提出"深入打好污染防治攻坚战"的目标要求,"强化多污染物协同控制和区域协同治理"正是实现"深入打好污染防治攻坚战"这一目标的重要举措。这些顶层设计和全面部署指引着我国污染治理取得了重大成果。然而,我国的生态质量改善效果并不稳定,有反弹隐忧,其中,重污染企业的跨空间转移行为对贯彻落实党中央部署造成了重大障碍①。污染源跨区域转移背后的制度成因在于:区域间政策梯度差异以及区域内政策碎片化导致了政策洼地的存在,使得重污染企业在就地转型升级的选择之外,还可以通过选择空间迁移拓展生存空间。除了环境规制政策的推动效应(王伊攀、何圆,2021),土地招商政策是最为重要的吸引企业迁移的因素。土地作为企业生存的空间载体和生产要素是企业选址决策最重要的考量因素,而地方政府垄断了土地供应将其作为吸引企业的重要工具(田文佳 等,2020)。土地招商政策本身不具有危害性,关键在于吸引来的是何种企业。若土地招商政策吸引的是重污染企业迁移,就破坏了环境规制试图促进重污染企业就地绿色转型的初衷(王伊攀、何圆,2021),让污染治理变得更加困难。与此相对,若较低的土地价格吸引的是清洁企业进入,则会促进当地产业清洁化发展,有利于提升治污效果。因此,地方政府土地招商政策对于治污效果的影响还需辩证、动态地评估。

然而,目前对于重污染企业异地迁移的研究主要集中在环境规制的推

---

① 比如,中央第三生态环境保护督察组2021年12月13日公布对湖北省的督察通报指出,湖北省沿江化工企业布局优化调整不到位,一些地方未落实关于"严禁污染型产业向长江上中游地区转移"的要求,引进一些污染较重的化工项目。

动作用（王伊攀、何圆，2021；谢珺、林小冲，2020），却忽视了土地招商政策对污染企业的吸引作用。虽然有文献讨论了土地招商政策对污染治理效果的负面作用，但主要从宏观层面进行了验证。李斌和李拓（2015）、李拓（2016）采用省际面板数据验证了土地财政规模扩大会造成环境污染。Huang 和 Du（2018）则从地级市层面证实了城市土地供应的增加加剧了环境污染程度。这虽然验证了扩张性土地政策对环境污染的影响，但是缺乏更为细致的企业层面微观证据。实际上，企业才是土地招商政策的直接影响对象，也是污染排放的直接主体。打开土地招商政策对微观企业影响机制的"黑箱"，有利于更深入地理解土地招商政策的微观效应。虽然也有少量文献从企业微观视角切入，认为压低工业用地土地价格和增加土地供应面积明显加剧了环境污染（韩峰 等，2021；Du and Li，2021），但忽略了企业主动迁移的策略行为，并未考虑到各城市不同土地招商政策对整体环境污染的影响，且未深入探究土地招商政策与重污染企业异地迁移之间的内在联系。基于上述思考，本章试图回答以下问题：地方政府制定的土地招商政策与重污染企业迁移决策是否存在联系？如果存在关联，那么土地招商政策通过何种机制推动了重污染企业异地迁移，呈现何种空间分布特征？如何避免企业的污染源跨区域转移？厘清上述问题可以增强治理污染源跨区域转移的针对性和精准性，为污染治理的政策协同提供经验依据，实现生态保护和经济的双赢。

本章利用 2006—2016 年重污染企业上市公司数据，检验了政府不同土地招商政策对重污染企业异地迁移空间分布的影响及其机制。本章的边际贡献可能在于以下几点：第一，在研究视角上，现有文献主要从宏观角度评估土地招商政策的影响，即便有少量文献从企业微观视角切入，也忽略了重污染企业主动迁移的策略行为，导致对环境污染整体效果的评估出现偏误。本章从企业微观视角更加直观和全面地评价了土地招商政策的整体环境效应。第二，在数据刻画上，对土地招商政策和重污染企业异地迁移的刻画在数据选择上更加微观和精确。将土地招商政策划分为价格和供给管制两个维度；将重污染企业异地迁移按照外市、外省、同省外市、同市和同省五个区域范围，以建立异地子公司的数量进行划分，使得土地招商政策对重污染企业异地迁移的影响范围界定更加精准，也更符合实际。由于企业整体搬迁成本高昂且受政府和公众多方面的掣肘，在异地建立子公司的相对迁移成本更低，可控性更强，是重污染企业更理性的选择。第三，在研究框架上，从政府、企业以及管理层三个维度梳理了土地招商政策与重污染企业异地迁移间的内在机制，并检验了土地储备制度和土地保障政策这两种不同趋向的政策对企业空间迁移策略的影响，打开了土地招商政策影响污染源跨区域转移的"黑箱"，为环境污染的精细化治理和政策协同提供了参考。

第二节 理论分析与研究假设

一、土地招商政策和重污染企业异地迁移

重污染企业正经历着因环境规制趋严而导致的生存发展空间缩小的状况，具有强烈的污染转移策略动机；而在招商引资背景下，地方政府出于以下原因，使土地在招商工具中的重要性凸显出来。一是土地出让与地方经济增长之间的关系。地方政府作为土地一级市场的垄断供应者，其行为会对土地出让产生根源式影响（杨继东、杨其静，2016），进而影响重污染企业的迁移决策。政府通过低价出让土地吸引资本内流，推动辖区经济增长是较为普遍的做法（陶然 等，2009）。二是土地作为一种特殊的生产要素，能够较快帮助官员达成晋升激励所需要的政绩绩效（刘佳 等，2012；张莉 等，2013）。地方官员面临严格的政绩考核，若想在有限的任期内较快取得成效，低价出让土地给那些具有一定规模、有固定资产投资的重污染企业可能是最好的选择（杨继东、杨其静，2016）。三是土地出让行为可以缓解分税制改革给地方带来的财政压力。分税制改革后，地方政府面临巨大的财政缺口，出让工业用地成为地方政府填补财政空缺的重要手段（郭贯成、汪勋杰，2013）。因为地区内的土地资源都由地方政府掌控，地方政府是辖区内土地资源的实际支配者，所以其能够通过行政手

段调控土地出让价格,并且借助农村土地的产权模糊、建设用地的政府管制、土地征用的强制性等特点解决土地供给不足的问题(罗必良,2008)。地方政府在分税制中的"税收损失"越大,以地生财的动机就越强烈(孙秀林、周飞舟,2013),因此地方政府对于土地招商政策在价格和供地规模上就会有诸多优惠。综上所述,无论出于促进地方经济增长、官员晋升激励还是缓解财政压力的动机,都促使地方政府通过压低土地出让价格和放松土地供给管制为重污染企业迁移创造优厚的条件。

对于重污染企业来讲,环境规制虽然是推动其向外迁移的最主要因素,但土地招商政策才是吸引其具体迁往何处的最重要因素。因为重污染企业迁移必须买地建厂进行生产,当地政府对土地出让价格的优惠力度是企业必须考虑的关键问题(黄金升 等,2017),尤其是高能耗企业,会向地方政府部门主动寻租,寻求各种庇护和政策支持以降低成本。这就加剧了地方政府与重污染企业合谋规避环境规制、促进污染源跨区域转移的情况。所以,那些地价越低廉、土地供给管制越宽松的地区,越能吸引重污染企业异地迁移。因此,提出以下假设。

H_1:地方政府的土地出让价格越低、土地供给管制越宽松,越能吸引重污染企业异地迁移。

土地招商政策影响重污染企业异地迁移机制见图7-1。

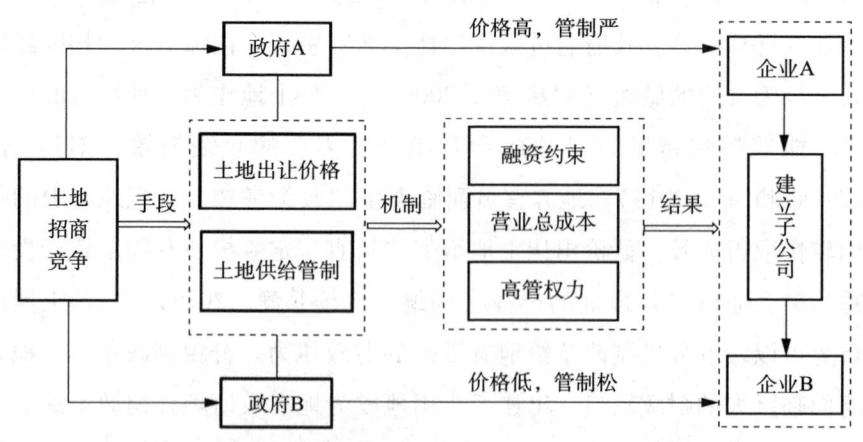

图7-1 土地招商政策影响重污染企业异地迁移机制

二、土地招商政策影响重污染企业异地迁移的内在机制

1. 重污染企业融资受限程度

工业用地出让金不接受分期或延迟付款，通常要求一次性缴纳，这种支付方式让对现金流依赖严重的实体企业面临很大的流动现金压力，进而增加了企业的购地成本，使企业面临较高的融资需求，促使其向外迁移。（黄玖立、冯志艳，2017）。土地出让价格越高，重污染企业面临的现金缺口就越严重，进而增强了重污染企业向外部金融机构借款以渡过难关的动机。然而，中国金融市场发展存在着"不平衡不充分"的问题，信贷资源主要集中于国有商业银行，贷款的发放也不是以项目的获利多寡为准，而是存在典型的制度特征（黄玖立、冯志艳，2017）。如果地方政府迫切需要通过大规模固定资产投资增加当地财政收入以获取任期内的政绩绩效，就会为重污染企业融资提供便利，解决企业融资面临的困境。在这样的背景下，用地成本导致的高融资需求就会缓解。那些优惠政策更多、地价更低廉、重污染企业能够一次性付清土地出让金或者地方政府能够解决企业融资困难的地区，显著吸引了重污染企业异地迁移。因此，提出以下假设。

H_2：母公司所在地土地出让价格的增加提高了重污染企业的融资受限程度，促使重污染企业异地迁移。

2. 重污染企业的营业总成本

处于土地价格相对较高的地区，重污染企业面临高昂的拿地成本，并在无形中增加了营业总成本，促使重污染企业向外迁移。在重污染企业迁移的诸多驱动因素中，利润是重污染企业选择异地迁移的核心驱动力（王伊攀、何圆，2021）。对于重污染企业来说，高价土地意味着需要承担高成本，用地成本的增加影响新企业的潜在进入决策（冯志艳、黄玖立，2018）。直观来看，面对土地价格的持续上涨，企业若想平复买地的高成本，就要努力将其转嫁到商品价格上或通过挖潜增效予以内部化，尽快将产品出售回笼资金，否则投资项目的收益净现值将不断萎缩从而失去吸引

力（冯志艳、黄玖立，2018）。这便增加了重污染企业的营业总成本，当营业成本大于收益时，企业就会产生异地迁移的动机。由此，提出以下假设。

H_3：母公司所在地土地出让价格的增加提高了重污染企业的营业总成本，促使重污染企业异地迁移。

3. 重污染企业的高管权力

高昂的土地出让价格增加了重污染企业的用地成本，企业为了降低经营风险会扩大高管权力，使其寻找低地价区域投资建厂，从而诱发重污染企业向外迁移。其中的逻辑是，对于依赖现金流的实体企业而言，高地价使得企业可支配资金减少，缺少现金流使企业在后续经营过程中抵抗风险的能力降低，扩大高管权力寻找低地价区域投资建厂就变得至关重要。一方面，高管作为企业战略的制定者和决策者，会对企业内部的经营管理产生重大影响，是项目落地实施的重要推动力之一（Andersén and Ljungevist，2021）。同时，企业战略执行需要得到高管的支持，并需要其在执行过程中根据实际情况进行及时调整，保证战略执行的效果（Sirmon et al.，2007）。另一方面，在项目执行的过程中需要充分调动各层级员工参与新项目保证项目的高效运转，这就需要高管有足够的权力能够对各级员工进行调动（Andersén and Ljungkvist，2021），但也不排除高管借此扩大权力攫取私利的动机。所以，当企业面对高地价难以获取足够收益时，会通过扩大高管权力，推动重污染企业异地迁移。由此，提出以下假设。

H_4：母公司所在地土地出让价格的增加扩大了重污染企业高管权力，促使重污染企业异地迁移。

第三节 实证策略、数据来源与变量选择

一、实证策略

本章主要研究不同区域的土地招商政策对重污染企业异地迁移的影响，以企业子公司数量相关指标作为被解释变量，基准模型设定如下：

$$numsub_{i,t}=\beta_0+\beta_1 lntudi+\beta_2 Controls+\mu_i+\varepsilon_{i,t} \quad (7-1)$$

其中，numsub 表示企业子公司数量指标，包括外省、外市、同省外市、同市和同省共 5 个变量；lntudi 表示土地招商政策，从土地出让价格和土地管制程度两个维度衡量；Controls 为本章选定的控制变量；μ_i 表示不随时间改变的固定效应；$\varepsilon_{i,t}$ 表示随机误差项；β_0、β_1、β_2 为待估系数，模型控制了行业和年份固定效应。

为了进一步检验土地招商政策对重污染企业异地迁移影响的内在机制，在机制检验部分采用逐步中介效应分析，构建模型如下：

$$Med_{i,t}=\beta_0+\beta_1 lntudi+\beta_2 Med_{i,t}+\beta_3 Controls+\mu_i+\varepsilon_{i,t} \quad (7-2)$$

$$numsub_{i,t}=\beta_0+\beta_1 lntudi+\beta_2 Med_{it}+\beta_3 Controls+\mu_i+\varepsilon_{it} \quad (7-3)$$

中介效应分析包含三个步骤：第一步，式（7-1）检验土地招商政策对重污染企业异地迁移的影响；第二步，式（7-2）检验土地招商政策对以上三个中介变量的影响，中介变量分别为融资约束（SA）、营业总成本（LI）和高管权力（GovInt），用 Med 统一表示这些中介变量；第三步，将中介变量添加到基准回归式（7-1）中构成式（7-3），根据中介变量系数显著性和方向来检验中介效应是否成立。

二、样本选择与数据来源

本章土地出让相关数据来自《中国国土资源年鉴》和《中国城市统计年鉴》；其他数据则来自 CSMAR 数据库和相关公开数据。数据处理方法借鉴曹春方等（2015）的研究。首先，以 2006—2016 年 A 股上市公司所有子公司作为初选样本，从上市公司年报的"长期股权投资"项目中查询子公司情况。其次，确定上市公司母、子公司的准确地址。母公司地址通过 CSMAR 数据库中的上市公司基本信息年度表获得，子公司地址则需要通过手工查找进行匹配。最后，剔除母公司持有股份少于 50%的子公司样本以及无法获得控股数据的样本。

关于重污染企业的界定标准，借鉴已有研究（刘运国、刘梦宁，2015），将重污染行业界定为：B06 煤炭开采和洗选业，B07 石油和天然气开采业，B08 黑色金属矿采选业，B09 有色金属矿采选业，C17 纺织业，

C19皮革、毛皮、羽毛及其制品和制鞋业，C22造纸和纸制品业，C25石油加工、炼焦和核燃料加工业，C26化学原料和化学制品制造业，C28化学纤维制造业，C29橡胶和塑料制品业，C30非金属矿物制品业，C31黑色金属冶炼和压延加工业，C32有色金属冶炼和压延加工业，D44电力、热力生产和供应业。

三、主要变量指标刻画

1. 重污染企业异地迁移的刻画

本章将分析目标聚焦在企业异地建分厂投资的部分相对迁移上，即现存的重污染企业不整体搬离原址，只是通过异地建立子公司的方式将部分生产线迁移到其他地区进行生产经营的情形。因此，参考王伊攀和何圆（2021）的研究，以母公司所在地为基准，将子公司所在地划分为外省、外市、同省外市、同市和同省共5个变量并分别计数，以这5个变量所代表的子公司空间分布数量作为重污染企业异地迁移的代理变量。变量定义说明与描述性统计见表7-1。

表7-1 变量定义说明与描述性统计

变量符号	变量说明	Obs	Mean	SD	Min	Max
ln$numcwc$	外市子公司数量对数值	4276	1.582	1.024	0.000	4.159
ln$numcwp$	外省子公司数量对数值	4276	1.229	1.039	0.000	4.060
ln$numcwctp$	同省外市子公司数量对数值	4267	0.691	0.837	0.000	3.091
ln$numctc$	同市子公司数量对数值	4276	1.292	0.804	0.000	3.219
ln$numctp$	同省子公司数量对数值	4276	1.616	0.848	0.000	3.497
$price1$	母公司所在地招拍挂土地出让单价-子公司所在地协议土地出让单价的加权	4276	7.227	1.112	4.795	10.159
$price3$	母公司所在地招拍挂土地出让单价-子公司所在地招拍挂土地出让单价的加权	4276	7.226	1.113	4.791	10.159

续表

变量符号	变量说明	Obs	Mean	SD	Min	Max
$price5$	子公司所在地招拍挂土地出让单价-子公司所在地招拍挂土地出让单价的加权	4232	0.520	0.433	-0.730	1.475
$area$	母公司的土地协议出让单价	4210	6.293	1.037	3.602	8.918
$supply$	土地供给管制	4140	4.811	4.655	0.052	24.265
SA	融资约束	4276	-3.703	0.228	-4.238	-2.888
LI	营业总成本	4276	0.810	1.880	0.011	13.195
$GovInt$	高管权力	4276	0.036	0.069	0.001	0.442

2. 土地招商竞争的刻画

第一，借鉴现有文献将母公司所在地与子公司所在地的土地协议出让单价和招拍挂土地出让单价计算两者之间的差值（饶品贵 等，2019；颜燕 等，2013），以三种方式从价格角度刻画土地招商政策，具体刻画方式见表7-1中的$price1$、$price3$ 和 $price5$，差值越大，土地招商竞争的优势就越大。本章以土地协议出让单价和招拍挂土地出让单价分别作为当地政府土地招商竞争优势强与弱的代理变量。因为地方政府可以相对容易地调控土地出让的面积和单价，并且可以选择更符合地方政府心意的购买对象，所以协议出让方式更能体现出地方政府在招商引资中的特殊地位，映射出当地的土地自主优惠力度。此外，协议出让方式吸引的产业投资大多数存在投资密度较小、产业体系成熟度较低、稳定性较差等问题（杨其静 等，2014），更能体现出政府土地招商的"逐底竞争"策略。招拍挂出让方式则是受到市场机制影响的结果，当地政府的可操作空间不像协议出让方式那样宽松，这就表明当地政府的土地招商竞争优势偏弱。因此，本章对不同区域间不同的土地出让方式以及不同区域间相同的土地出让方式做差，以其差值刻画母公司所在地与子公司所在地之间土地招商竞争。第二，采用土地供给管制强弱程度衡量土地招商政策。参考相关文献（姚鹏 等，2021），以各个城市新增建设用地面积与该城市土地面积之比衡量土地管制强弱程度，占比越高，土地管制程度越弱。

3. 控制变量的选择

本章借鉴现有研究引入了相关控制变量（王伊攀、何圆，2021；徐莉萍 等，2019），其中包括公司治理特征变量（管理费用率、第一大股东持股比率、董事长与总经理是否为同一人、独立董事比例、高管年收入占营业收入比例）、企业经营状况变量（营业收入、资产总计、企业年龄、现金与总资产的比率、资产负债率、应交税费）、资产状况及损耗变量（非流动资产占总资产之比、固定资产折旧额、企业所在地环境规制的强弱程度）。

第四节　实证结果分析

一、土地招商政策影响重污染企业迁移的基准回归结果

各区域土地出让价格与土地供给管制程度的差异，影响着土地招商政策的优惠程度，以利润为导向的重污染企业在土地价格上涨、土地供给不足时就会通过设立子公司的方式实施空间迁移，达到节约成本、增加利润的目的。本章从土地出让价格和土地供给管制程度两个维度解释土地招商政策对重污染企业异地迁移的影响，结果如表7-2所示。

表7-2　土地招商政策对重污染企业子公司数量影响检验

变量	(1) 外市	(2) 外省	(3) 同省外市	(4) 同市	(5) 同省
$price1$	0.105*** (7.06)	0.171*** (10.88)	−0.130*** (−8.82)	0.010 (0.72)	−0.050*** (−3.37)
N	3660	3660	3652	3660	3660
R^2	0.357	0.338	0.162	0.211	0.270
$price3$	0.104*** (7.04)	0.171*** (10.87)	−0.130*** (−8.82)	0.010 (0.72)	−0.050*** (−3.37)
N	3660	3660	3652	3660	3660
R^2	0.357	0.338	0.162	0.211	0.270
$price5$	0.493*** (14.75)	0.443*** (13.44)	0.143*** (4.94)	−0.058** (−2.10)	0.019 (0.70)

续表

变量	(1) 外市	(2) 外省	(3) 同省外市	(4) 同市	(5) 同省
N	3675	3675	3667	3675	3675
R^2	0.385	0.340	0.149	0.208	0.267
supply	-0.021*** (-6.90)	-0.021*** (-6.97)	0.001 (0.52)	0.008*** (2.95)	0.006** (2.16)
N	3545	3545	3537	3545	3545
R^2	0.359	0.326	0.146	0.210	0.266
控制变量	控制	控制	控制	控制	控制
year	Yes	Yes	Yes	Yes	Yes
Industry	Yes	Yes	Yes	Yes	Yes

注：**、***分别表示在5%、1%的水平下显著，括号内为t值。

从土地出让价格角度来看，由第（1）～（3）列和第（5）列 price1 与 price3 的结果来看，土地出让价格的增加分别在1%的显著性水平下增加了重污染企业在外省、外市的子公司数量，而减少了同省外市和同省的子公司数量。由 price5 所代表的子公司情况来看，招拍挂的土地出让方式使同市的子公司数量显著减少，其余维度的子公司数量在1%的显著性水平下增加。从土地供给管制角度来看，母公司所在地宽松的土地管制政策在至少在5%的显著性水平下增加了同省范围的子公司数量，而在1%的显著性水平下减少了外省范围的子公司数量。综合第（1）～（5）列基准回归结果可知，地方政府的土地出让价格相对越低，越能吸引重污染企业异地迁入；土地管制越宽松，重污染企业越不会向异地迁出。这表明土地招商竞争导致了污染源"存量不减、增量增加"，验证了 H_1。

二、基于不同区域土地招商政策与企业特征的异质性检验

基于区域异质性，将全部样本分为东部地区和中西部地区两个子样本进行估计。结果如表7-3第（1）列、第（2）列所示，土地招商政策使处于东部地区的重污染企业更容易向外市、外省迁移且在1%的水平下显著为正，组间差异均通过了 p 值检验。结果与预期相一致，因为在现阶段以

促进地方经济发展为主要目标的制度框架内,当地吸引而来的投资数量在地方政府目标责任评估体系中起着重要作用,已经成为官员晋升的主要因素之一。土地作为一种发展性资源显然成为地方政府在投资竞争中取胜的关键。尤其是出让工业用地已经成为各地方政府吸引投资和发展区域经济的重要手段。为了吸引资本投资,地方当局甚至不断突破工业用地的出让价格底线,以低地价换取投资项目,这在中西部这种经济较不发达的地区表现得更加明显。中西部地区有着大量土地用于出让,而且从政策趋势来看,这种向内地增加土地供给的态势暂时不会发生较大变动,加之当地经济发展方式受限,官员较易出政绩的方法就是出卖工业用地。这种政府间的"逐底竞争"恰恰使污染企业成为既得利益者,让原本就难以承受东部地区高额经营成本的污染企业向中西部地区迁移。

在产品市场势力上,本章借鉴相关文献以营业利润率作为产品市场势力的衡量指标(胡新华,2021)。产品市场势力是指企业影响其产品市场表现的关键能力,意味着企业在掌控客户和调节市场方面具有较大的影响力。这就进一步使得产品市场势力对企业经营利润产生积极影响,这种影响力提升了企业与产品的声望,从而吸引了众多客户以及相关利益主体的目光;再者,如今市场上同类型产品层出不穷,这种影响力会使企业表现出较强的产品差异化,在同类竞争中处于优势地位。如果企业因为在当地的产品市场势力足够大而没有更大的扩张空间,那么其就会主动向外迁移以进一步扩大企业规模、增强企业的市场势力,进而扩大其影响力,达到增加营收的目的。如表7-3第(3)列、第(4)列所示,具有较强产品势力的企业更容易向外市、外省迁移。

在盈利能力上,以利润为导向的重污染企业如果具有较强的盈利能力,则具有突破本地市场局限,进行异地投资的动机和能力,这对于企业实现规模经济十分有利。本章以营业毛利率衡量重污染企业的盈利能力。回归结果如表7-3第(5)列、第(6)列所示,具有高盈利能力的企业更容易进行异地迁移。

在融资能力上,本章以长期借款与负债合计之比作为企业融资能力的衡量指标,若高于均值则说明企业具有较强的融资能力,反之则融资能力较差。现阶段国家明文规定购地企业在结清整个购地协议约定的出让金后，方可取得国有建设用地证书并在已购买的土地上动工建设，且着重强调用地证书禁止按照土地出让金的支付比例分期发放（冯志艳、黄玖立，2018）。为了能够尽快得到土地的正式使用权，企业不得不向银行等金融机构借款。本章预测，面临高昂的土地出让金，融资能力强的污染企业更偏向向外迁移，因为具有强融资能力的大企业更有突破本地市场局限，进行异地投资的动机和能力，这有利于企业实现规模经济；而与大型企业相比，小企业的融资能力较弱，在其他地方进行投资的能力自然更弱。如表7-3 第（7）列、第（8）列所示，土地招商政策使融资能力较强的重污染企业更容易向外省、外市迁移且在1%的水平下显著为正，组间差异为0.003 和 0.000，通过了 p 值检验。

表 7-3 异质性检验

变量	(1)	(2)	(3)	(4)	(5)	(6)	(7)	(8)
	区域异质性		产品市场势力		盈利能力		融资能力	
	中西部	东部	势力弱	势力强	能力弱	能力强	能力弱	能力强
被解释变量：外市子公司数量								
$price1$	−0.024	0.187***	−0.051	0.076***	0.004	0.175***	0.021	0.125***
	(−0.70)	(10.17)	(−1.56)	(3.15)	(0.17)	(8.37)	(0.71)	(4.36)
N	1620	2040	1198	1235	1775	1885	1094	1037
R^2	0.336	0.437	0.420	0.365	0.368	0.365	0.232	0.521
p 值	0.000***		0.000***		0.000***		0.003***	
被解释变量：外省子公司数量								
$price1$	−0.063*	0.249***	−0.025	0.193***	0.035	0.274***	0.044	0.266***
	(−1.85)	(12.83)	(−0.96)	(7.92)	(1.61)	(12.95)	(1.59)	(8.49)
N	1620	2040	1198	1235	1775	1885	1094	1037
R^2	0.303	0.426	0.380	0.394	0.326	0.385	0.244	0.527
p 值	0.012**		0.000***		0.000***		0.000***	

注：*、**、***分别表示在10%、5%、1%的水平下显著，括号内为 t 值。下表同。

三、稳健性检验

为了增强研究结论的可靠性，本章尝试了多种形式的稳健性检验。

1. 替换样本和更换核心解释变量

首先，考虑到土地招商政策引发的企业迁移具有时滞效应，因此本章将所有变量滞后两期进行回归；其次，为进一步验证研究结果的可靠性，将核心解释变量更换为母公司的土地协议出让单价；最后，为了排除副省级城市特殊政策或经济发展情况对结果的干扰，剔除15个副省级城市进行回归。所有回归结果如表7-4所示，回归结果与基准回归结果一致，表明基准回归结果稳健。

表7-4 替换样本和更换核心解释变量

变量	（1）外市	（2）外省	（3）同省外市	（4）同市	（5）同省
Plan A：滞后两期					
$price1$	0.110***	0.178***	−0.141***	0.015	−0.047***
	(6.39)	(9.85)	(−8.16)	(1.00)	(−2.74)
$year$	Yes	Yes	Yes	Yes	Yes
$Industry$	Yes	Yes	Yes	Yes	Yes
N	3094	3094	3087	3094	3094
R^2	0.337	0.323	0.160	0.211	0.263
Plan B：剔除15个副省级城市					
$price1$	0.105***	0.171***	−0.130***	0.010	−0.050***
	(7.06)	(10.88)	(−8.82)	(0.72)	(−3.37)
$year$	Yes	Yes	Yes	Yes	Yes
$Industry$	Yes	Yes	Yes	Yes	Yes
N	3660	3660	3652	3660	3660
R^2	0.357	0.338	0.162	0.211	0.270
Plan C：替换核心解释变量					
$area$	0.077***	0.106***	−0.068***	−0.003	−0.029**
	(4.83)	(6.34)	(−4.38)	(−0.21)	(−2.05)
$year$	Yes	Yes	Yes	Yes	Yes
$Industry$	Yes	Yes	Yes	Yes	Yes
N	3606	3606	3598	3606	3606
R^2	0.355	0.326	0.148	0.211	0.269

2. 内生性处理

为避免土地出让价格与重污染企业迁移之间可能存在的内生性问题，本章将采用工具变量法以验证基准结论的稳健性。已有研究发现，土地价格与地形因素密切相关（Saiz，2010），且地形作为自然地理特征，并不会对重污染企业迁移造成直接影响，符合工具变量的外生要求。本章采用各地市土地坡度均值作为第一个工具变量。另外，经济增长目标作为经济发展的量化指标是各级官员要完成的政治任务。各地区的经济增长目标越高，当地政府的土地招商强度就会越大，土地出让价格也就越低，通过低价招商引资吸引企业投资，从而完成目标的可能性就越高，而重污染企业的相对迁移决策并不会影响经济增长目标，满足外生要求，所以这里选取各地级市的经济增长目标作为第二个工具变量。如表7-5所示，土地招商政策促使了重污染企业异地迁移。Anderson LM 不可识别检验统计量均在1%的显著性水平下拒绝"工具变量识别不足"的原假设；弱工具变量检验的 Cragg-Donald Wald F 统计量的值不仅全部大于经验值10，且都大于Stock-Yogo 弱识别检验的阈值，工具弱识别检验也顺利通过，表明工具变量是有效的。

表 7-5 工具变量法

变量	土地坡度均值		经济增长目标	
	（1）	（2）	（3）	（4）
	外市	外省	外市	外省
$price1$	1.751***	0.641**	−0.018	0.193***
	(3.73)	(2.39)	(−0.42)	(4.35)
year	Yes	Yes	Yes	Yes
Industry	Yes	Yes	Yes	Yes
Anderson LM	18.832	18.832	381.036	381.036
Cragg-Donald F	14.533	14.533	602.398	602.398
N	3622	3622	3590	3590
R^2	−1.839	0.168	0.349	0.341

第五节 机制解释

一、基于缓解融资约束动机

考虑到企业的融资困难,引入融资约束(SA)作为中介变量。参考相关文献(李志生 等,2020),利用公式"$-0.737×\ln size+0.043×\ln size×\ln size-0.04×$企业年龄"计算的值衡量融资约束($SA$)。工业用地因其与实体企业投资紧密关联的特征成为优质的贷款抵押物,当重污染企业的最终购地价格与市场价格之间的利差较大时,就可以按照市场价格将土地抵押给银行办理抵押贷款(王博 等,2021),地方政府为了留住企业并尽快生产,也会给银行传导尽快批款的压力,缓解了企业融资难的问题。从表7-6第(1)列中可以看出,在土地招商竞争中母公司所在地的土地出让价格高于子公司所在地,这就使位于母公司所在地的重污染企业在1%的显著性水平下面临较大的融资约束。这归因于企业良性发展需要可靠的现金流,但是购买土地所需的大量资金会挤占企业的备用现金资源,这就迫使企业寻求融资以扩充现金流。企业的资金需求越高,其面临的融资约束越紧(黄玖立、冯志艳,2017)。面对企业较高的资金需求,母公司所在地的地方政府没能利用自身权力解决重污染企业面临的融资困境,比如,暗示当地金融机构放松对重污染企业的贷款资质审批标准,这就促使企业向融资更加便利的地区迁移。由第(2)~(4)列可知,企业融资难度的增加促使了重污染企业向外市外省迁移,并且在1%的显著性水平下增加,同市外省子公司数量在1%的水平下显著减少,H_2得到了验证。

表7-6 融资约束中介效应

变量	(1)	(2)	(3)	(4)
	SA	外市	外省	同省外市
$price1$	0.019***	0.094***	0.153***	-0.122***
	(7.88)	(6.20)	(9.58)	(-8.38)

续表

变量	(1) SA	(2) 外市	(3) 外省	(4) 同省外市
SA		0.567*** (4.07)	0.982*** (6.59)	-0.392*** (-2.90)
year	Yes	Yes	Yes	Yes
Industry	Yes	Yes	Yes	Yes
N	3660	3660	3660	3652
R^2	0.779	0.360	0.348	0.164

二、基于营业总成本的增加

企业在经营过程中产生的营业总成本（LI）在公司的投资决策中至关重要。如果成本在企业的可承受范围内，那么企业就不会为了规避这些可忽略的成本选择远距离的迁移；反之，则会选择向地价、原料、劳动力等成本较为低廉的地区迁移，以规避高额营业成本带来的企业经营压力。由表7-7第（1）列可知，土地招商政策的不同所带来的高用地成本在1%的显著性水平下增加了营业总成本，这是因为高价的土地出让金占据了重污染企业过多的流动资金，企业为了快速回笼资金弥补自己高价买地的损失，就会在销售过程中加大宣传力度或者将买地成本转嫁到产品上，这就增加了企业的营业总成本，当企业无法将这部分成本内部消化时就会进行迁移。由第（2）~（4）列可知，营业总成本的增加使子公司在外市、外省的数量显著增加，同省外市的子公司数量显著减少，从而推动了企业的跨区域迁移，H_3 得到了验证。

表7-7 营业总成本中介效应

变量	(1) LI	(2) 外市	(3) 外省	(4) 同省外市
price1	0.249*** (8.32)	0.099*** (6.51)	0.159*** (9.98)	-0.123*** (-8.05)

续表

变量	(1) LI	(2) 外市	(3) 外省	(4) 同省外市
LI		0.023** (1.97)	0.048*** (3.83)	-0.029* (-1.92)
year	Yes	Yes	Yes	Yes
Industry	Yes	Yes	Yes	Yes
N	3660	3660	3660	3652
R^2	0.617	0.357	0.341	0.163

三、基于高管权力的扩大

考虑到高管在企业迁移决策中起到的关键性作用,这里引入以管理费用刻画的高管权力($GovInt$)作为中介变量,探究土地招商政策对重污染企业迁移的中介机制。高管的战略专注度是一个项目执行的先决条件,决定了企业项目规划能否得到有效执行(吉祥熙 等,2021),因此企业的管理层在公司的投资决策中至关重要。由表7-8第(1)列可知,土地价差的增大使高管权力在1%的水平下显著为正。这说明高额的土地出让金占据了企业过多的流动资金,成本的增加使重污染企业在母公司当地的投资难以及时获得高额利润,这种投资效率低下的项目一方面使重污染企业面临低效投资,企业为了寻找优质项目就会扩大管理层权力,给予他们更大的操作空间;另一方面这种投资降低了管理层人员的在职消费和获利空间,使管理层和治理层之间的冲突与道德风险加大(罗宏 等,2015),高管也产生了扩张权力的诉求。在这种情况下,股东需要企业迁移规避高额地价,管理层也想开发新项目获取利益,二者共同推动了污染企业向外市、外省迁移。由第(2)、第(3)列可知,高管权力的增加使子公司在外市、外省的数量在1%的水平下显著增加,H_4得到了验证。

表 7-8　高管权力中介效应

变量	(1) *GovInt*	(2) 外市	(3) 外省	(4) 同省外市
*price*1	0.008*** (8.62)	0.094*** (6.23)	0.158*** (9.88)	-0.126*** (-8.42)
GovInt		1.412*** (4.01)	1.748*** (4.26)	-0.562 (-1.30)
year	Yes	Yes	Yes	Yes
Industry	Yes	Yes	Yes	Yes
N	3660	3660	3660	3652
R^2	0.678	0.360	0.342	0.162

第六节　拓展分析

一、土地政策缩紧背景下的重污染企业异地迁移：土地储备制度

土地储备制度使地方政府正式拥有了对当地土地资源在行政上的管理权，在缓解土地交易中存在的诸多隐蔽性问题上起到了积极作用，呈现出土地政策逐渐收紧的趋向。虽然有地方政府早在 2000 年就提出了要强化土地储备，但是在土地储备制度建立之前，土地一级市场处于多主体供应的竞争性状态，主要表现在：第一，土地出让权分别掌握在各企事业单位和政府手中，导致土地供应主体混乱，并且存在集体土地非法进入土地交易市场的乱象；第二，土地审批和管理机制混乱，虽然地方政府是土地出让的主导者，但是开发区管委会、城市建设委员会、房地产管理局等部门才是负责土地出让过程中具体事宜的部门，这就导致土地出让过程中出现的各种问题无法及时反馈并得到解决，这种情形会对地方政府调控土地交易市场的效率产生较大影响（马九杰、亓浩，2019）。随着土地储备制度在各城市的建立，土地出让市场的混乱状况得到整改，政府对城市建设用地

的宏观调控作用得以凸显。土地储备制度的正式提出，意味着土地政策逐渐趋严，土地出让价格、出让规模得到控制，进而促使重污染企业向未严格实施土地储备制度的地区迁移。

其中的内在原因如下：首先，土地储备制度通过规范土地市场的运作方式，消除了灰色土地收入，强调土地出让必须以挂牌交易或招标、拍卖的方式进行，避免了"协议出让"中的寻租行为，使政府在土地出让过程中的可操作空间大幅减小。其次，政府通过使用由其直接管理的储备性土地，有效地控制了当地土地市场的价格变动，将土地的价格限制在了符合当地正常市场价值规律的水平上，缓解了土地出让价格与实际价值不匹配的现象。最后，在市场机制和政府宏观调控共同作用下，土地出让过程逐渐规范化和程序化，地方政府吸引重污染企业异地迁移的优势减弱，降低了环境污染的可能性。

因为各城市印发《土地储备管理办法》的时间并不一致，本章采用多时点双重差分模型（DID），探究土地储备制度对重污染企业异地建立子公司的数量影响。表7-9第（1）列和第（3）列表明，土地储备制度使得重污染企业迁往未强调土地储备制度地区的子公司总量和总量占比都在5%的显著性水平下增加。这佐证了前文的猜想，土地储备制度使土地政策收紧，压缩了当地政府在土地出让方面的寻租空间，抑制了土地出让的无规化和无序化，使当地的土地出让有了切实规划，避免了当地政府官员为了使自己在晋升竞争中胜出而逐底出让土地、扰乱土地市场正常出让的行为。

表7-9 重污染企业异地建立子公司数量的DID结果（非土地储备或者非土地保障区域）

变量	土地储备				土地保障	
	（1）	（2）	（3）	（4）	（5）	（6）
	子公司数量	新建子公司数量	子公司数量占比	新建子公司数量占比	子公司数量	新建子公司数量
DID	0.055** (2.02)	0.020 (0.81)	0.021** (2.12)	0.009 (1.24)	-0.140*** (-2.82)	-0.103** (-2.08)
year	Yes	Yes	Yes	Yes	Yes	Yes

续表

变量	土地储备				土地保障	
	（1）	（2）	（3）	（4）	（5）	（6）
	子公司数量	新建子公司数量	子公司数量占比	新建子公司数量占比	子公司数量	新建子公司数量
Industry	No	No	No	No	No	No
N	3768	3768	3768	3768	3768	3768
R^2	0.288	0.152	0.043	0.104	0.289	0.153

二、土地政策放松背景下的重污染企业异地迁移：土地保障政策

土地保障政策要求地方政府优先考虑工业用地需求，呈现出土地政策逐渐放松的趋向。随着中国经济进入转型升级的特殊阶段，虽然土地供求之间的矛盾不断加大，地方政府响应中央土地政策对土地批准的限制越来越多，土地价格也逐渐由市场调节且透明度提高，但土地仍然是地方政府的重要引资政策，如甘肃省、湖北省、安徽省、江西省等地方政府发布的政策投资文件中均提到了要放宽对工业用地的土地审批（马相东 等，2021）。这种加强工业用地供应的政策意味着当地政府可能会占用农业用地以满足土地供应，造成农业用地与建设用地的错配（王家庭 等，2021），使土地政策呈现出趋松的态势，成为吸引重污染企业异地迁移的一个因素。同时，农业用地与工业用地之间的结构性失衡还会削弱天然生态系统对环境治理的净化过滤和自主调节能力（李强、高楠，2016），加之宽松的土地供应政策所吸引来的重污染企业，共同加剧了城市的环境污染问题。

本章用各地政府文件中强调落实土地保障政策的时间作为当地政府保障土地供应正式开始的时间，同时考虑到各个城市强调土地保障的时间各不相同，因此本章采用多时点双重差分模型，根据重视落实土地保障政策的先后，将较早颁布政策的城市划为处理组，将较晚颁布政策的城市划为控制组，探究土地保障政策对重污染企业异地迁移的影响。

表7-9第（5）列、第（6）列表明，土地保障制度使得重污染企业迁往未强调土地保障地区的子公司总量和增量至少在5%的显著性水平下减少。这表明，地方政府强调土地保障的这一政策举动使土地招商政策变得更加宽松，如果某地能够保证土地要素的足量供应，那么就能吸引重污染企业迁往当地投资建厂。反之，不能吸引重污染企业异地迁移，减少了异地子公司数量。

第七节 本章小结

打好污染防治攻坚战是关乎民生福祉的大事，也是实现中华民族可持续发展的内在要求，重新审视地方政府土地招商政策对重污染企业异地迁移的影响具有重要的理论和现实意义。本章以不同区域的土地出让价格为切入点，利用2006—2016年重污染企业上市公司数据，对土地招商政策对于重污染企业异地迁移的影响进行了实证分析。结果表明：①土地招商优惠程度较大的区域，显著吸引了重污染企业异地迁移；异质性分析发现，当母公司位于东部地区、市场势力较强、本身具备良好的盈利能力或融资能力时，重污染企业更容易受到土地招商政策的吸引向外迁移；②机制检验表明，各地方政府调整土地出让价格后，会通过降低企业融资难度、减少营业总成本以及扩大高管权力吸引重污染企业异地迁移；③拓展分析发现，土地储备制度使土地政策收紧，促使重污染企业向未强调该制度的地区迁移；土地保障政策使土地政策趋松，对重污染企业异地迁移的影响呈现出一定的特点，二者对重污染企业异地迁移的影响十分明显。

基于以上结论，提出以下政策启示：①强化环境规制与招商政策之间的协同配合，防止政策碎片化对治污效果的负面影响。环境规制的本意是倒逼重污染企业清洁化转型，但各级政府间相互竞争的土地招商政策以及企业自身的策略性行为诱发了重污染企业异地迁移。本章研究发现，土地储备和土地保障这两种不同趋向的土地招商政策对重污染企业异地迁移的影响十分显著。因此，各级地方政府应当在土地招商政策制定上选择合适着力点，积极引入清洁型企业，并通过政策引导推动企业采纳绿色技术进行生产，在经济发展和环境规制之间达成一种动态平衡，减轻环境治理压力。②充分发挥土地市场交易的积极作用，加强对政府土地出让权力的制约和监督。政府应朝着市场化方向完善土地出让制度，契合市场化的招标、拍卖、挂牌等土地出让方式，推动土地资源配置由政府主导向市场主导转变，优化土地出让结构，建立工业用地出让价格的市场机制，减少地方政府对土地出让的干预。③政府应减少对企业融资的不当干预，发挥市场机制的调节作用。地方政府掌握资源配置的融资机制容易异化为吸引重污染企业的工具。因此，应强化市场机制对金融资源配置效率的促进作用；不断推进信贷公平公正进程，消除对民营企业和中小企业的信贷歧视，减轻重污染企业的融资受限程度。

第八章

区域政策协同促进企业转型升级：
可用政策工具探索[①]

第五章的实证表明，政策协同在促进企业转型升级过程中，无法直接干预企业金融化的策略行为。因此，需要其他政策工具的配合，才能有效实现促进企业转型升级的目标。在众多的政策工具中，政府采购作为政府运用市场机制与企业建立经济联系的手段，承担着广泛的政策功能，其庞大规模奠定了强大影响力。已有研究证实了政府采购对企业转型升级的促进效应，但政府采购能否承载治理脱实向虚的政策功能，目前尚未得到充分研究。本章基于2008—2018年上市公司数据，检验了政府采购对企业金融化的影响及其机制，并考察了不同政府采购订单特征与企业特征的异质性。研究发现，政府采购显著抑制了企业金融化程度，促使企业专注于实业；当政府采购订单持续性越强、企业风险承担能力越高以及市场监督越弱时，政府采购对企业金融化的抑制效应越显著，有效弥补了市场治理的不足，并兼顾了小微企业的预防性储备需求；政府采购主要通过提高产品销量、缓解融资约束和稳定预期来抑制企业的金融化程度，但并未通过提升产品质量产生影响，政府采购嵌入的创新促进政策功能有待进一步加强。未来，可以配合利用政府采购的微观治理政策功能，防范企业在转型过程中出现的金融化策略行为。

[①] 本章部分内容以《政府采购对企业"脱实向虚"的治理效应研究》为题发表在《财政研究》2022年第1期。

第一节　政府采购能否嵌入抑制企业金融化政策功能

党的十九届六中全会在总结党的百年奋斗重大成就和历史经验时明确指出，要"壮大实体经济""坚持金融为实体经济服务"，振兴实体经济成为"十四五"时期的重要战略任务。2019年3月，习近平总书记在参加十三届全国人大二次会议福建代表团审议时强调："做企业、做事业不是仅仅赚几个钱的问题。实实在在、心无旁骛做实业，这是本分。"然而，近年来不少实体企业脱离主业转而将资金投入金融和房地产领域，由此引发宏观经济"脱实向虚"问题。据Wind数据统计，2021年，沪深两市共有1282家上市公司购买了18268款理财产品，金额高达1.33万亿元（如图8-1所示）。"脱实向虚"问题不仅削弱了实体经济发展的根基，而且造成了虚拟经济过度膨胀，已成为中国经济运行的重大结构性失衡特征之一，不利于经济高质量发展（谢富胜、匡晓璐，2020）。实体企业"脱实向虚"是企业的理性选择，单纯依赖市场"无形的手"进行调节效果有限，如何更好地发挥政府"有形的手"作用，将中央振兴实体经济战略切实贯彻到企业发展的具体实践中，成为当前亟须解决的难题。党的十九大报告指出，要"将有效市场和有为政府更好结合起来"，但现有对企业金融化的治理干预政策以政府补贴和税收优惠等传统手段为主，非但无法提升企业发展潜力，反而会提高企业金融化水平（于连超 等，2021；步晓宁 等，2020）。因此，寻找更灵活、有效的治理工具成为防范"脱实向虚"问题的关键所在。

政府采购作为政府运用市场机制与企业建立经济联系的重要方式，充分体现了有效市场和有为政府的更好结合，逐渐成为政府微观治理的重要手段（窦超 等，2020）。政府采购的庞大规模带来的影响力不容小觑，全国政府采购规模由2003年的0.17万亿元增至2020年的3.7万亿元，占全国财政支出和GDP的比重分别为10.2%和3.6%[①]，并且政府采购规模距

[①] 数据来源于中国政府采购网。

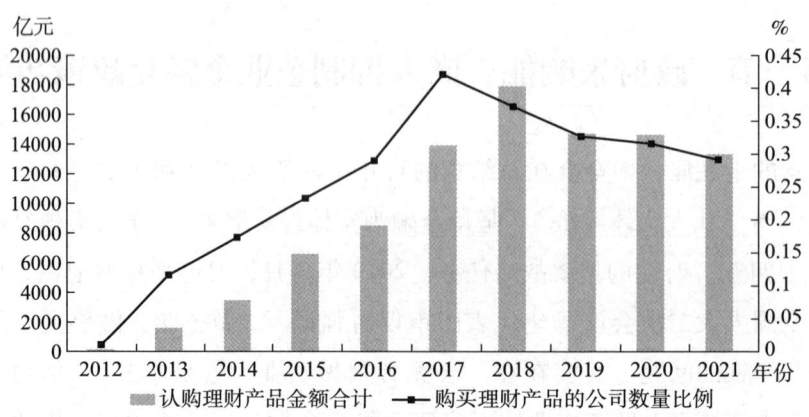

图 8-1　2012—2021 年上市公司购买理财产品的数量比例和金额

发达国家 10% 以上 GDP 占比仍有较大增长空间。随着采购范围和采购规模的不断扩大，政府采购承担了越来越广泛的政策功能，如脱贫攻坚、引领节能环保、促进中小微企业创新发展等。当然也面临一些挑战，我国于 2007 年正式申请加入世界贸易组织（WTO）《政府采购协定》，随后开启的多轮多边谈判促使我国调整相关法律，这在一定程度上导致政府采购政策功能发挥受限。为此，2018 年，中央全面深化改革委员会第五次会议审议通过的《深化政府采购制度改革方案》中提出要强化政府采购政策功能措施。因此，重新审视政府采购的政府职能发挥机制是新环境下的迫切现实需求。

现有文献已意识到政府采购对企业的重要性，探讨了政府采购在企业提高投资效率、抵御经济冲击、缓解融资约束、降低审计费用、促进创新以及推进经济增长等方面的积极作用（Chen et al.，2021；Cohen and Li，2020；Goldman，2020；Chen et al.，2021；武威、刘国平，2021）。与此同时，部分研究指出，政府客户若出于保护主义而非基于产品质量选择某企业，可能会导致企业创新能力下降、过度投资等不良后果，进而阻碍企业的长期发展（武威、刘玉廷，2020；张国胜 等，2018）。然而，目前政府采购对企业金融化决策的影响和机制尚未引起足够的关注。政府采购能否发挥引导企业心无旁骛做实业的微观治理效应？通过哪些具体的机制渠道发挥作用？是否存在异质性？厘清这些问题，不仅有助于深化对政府采购政策功能的认识，还能解决企业"脱实向虚"的难题，进而为促进实体经济的高质量发展提供参考。

本章基于2008—2018年上市公司数据，检验了政府采购对企业金融化的影响及其机制。与已有文献相比，本章主要贡献如下：第一，以政府采购作为研究视角，探讨政府以客户的角色对企业金融化治理的方式和效果，扩充了企业金融化治理工具。现有文献大多从宏观政策不确定性、产业政策、微观企业特征等维度考察企业金融化驱动因素（步晓宁等，2020；谭德凯、田利辉，2021），但却对政府参与企业金融化治理的方式和效果缺乏探讨，尤其是对政府采购这种既兼具市场机制又具有财政管理属性的政策工具关注度不足。第二，以企业金融化"投资替代"和"蓄水池"两大动机的传统理论分析框架为基础，结合政府采购现实功能，提出并验证了政府采购通过增加实业相对盈利、提供金融支持和稳定预期来影响企业金融化的机制，弥合了传统理论框架和现实实践功能之间的脱节，为政府采购职能发挥提供了更多理论依据。第三，拓展了政府采购抑制企业金融化微观层面异质性的研究，分析了政府采购治理企业金融化过程中"政府—市场—企业"三者之间的关系，为探索更高效多元的政府采购分类政策提供了思路。

第二节 理论分析与研究假设

一、政府采购对企业金融化的影响

本章政府采购的概念和界定遵循了《中华人民共和国政府采购法》中的规定，"政府采购是指各级国家机关、事业单位和团体组织，使用财政性资金采购依法制定的集中采购目录以内的或者采购限额标准以上的货物、工程和服务的行为"。政府采购的形式主要包括招标采购、竞争式采购、单一来源采购等，其中，招标采购凭借其公正公开、透明度高的优势成为最常见的采购形式。

政府采购在众多政府扶持企业政策中有明显的优势。传统政府扶持政策直接将资金、资源输送给企业，这种方式对于企业发展未必是积极有效的，甚至可能埋下潜在隐患。例如金融危机后，政府扶持企业力度加大，企业通过盈余操纵获取尽可能多的补贴（王红建 等，2014）。这种行为在很大程度上引发了政府财政资金错配、扶持效率低下的问题，与此同时，还引起了企业自身不思进取，过度依赖政府资助，试图以投机方式"骗补"谋生的现象。与政府补贴不同，政府采购并不直接扶持企业，而是采用市场竞争机制，通过招标购买等方式在供应链上影响企业，鼓励企业以更高质量、更优技术、更符合政策导向的产品和服务赢得政府客户的青睐，激发出企业内在潜能，帮助企业提升核心竞争力。除了通过监督激励企业注重产品质量和创新来提升企业竞争力之外，政府采购还可以向资本市场和投资者发出积极信号，从而得到市场认可（窦超 等，2020）。作为政府发挥"有形的手"干预市场经济和企业治理的特殊手段，政府采购兼具满足需求和扶持企业双重目标，不同于传统公共财政政策直接"输血"给企业，它不仅可以做到提升企业发展的内在动力，将问题化解于无形，而且效果更具可持续性。政府补贴只是暂时的扶持措施，终究会退出。而政府采购却因为政府的产品需求而存在一定的持续性。

政府采购这一间接扶持手段能否起到积极的市场化治理作用，现有研究尚未达成共识。一方面，大多数学者认为政府采购所发挥的经济职能具有积极有效性，例如，在鼓励扶持欠发达地区经济发展方面，能够缓解东西部地区经济发展不平衡的矛盾（姜爱华、朱晗，2018）；在整合环保产品领域，绿色政府采购可以刺激企业对节能环保产品的需求，有助于环境质量改善（Geng and Doberstein，2008）；对于企业微观经济效率治理而言，政府采购订单能通过技术投入和资源配置途径，有效提高全要素生产率（张沁琳、沈洪涛，2020）。另一方面，部分学者认为政府采购对企业治理效果不够理想，甚至会阻碍企业发展。这是因为政府政策功能发挥受诸多因素影响，由于当前政府采购竞争机制尚不完善，缺乏良好的竞争环境，政府采购实施效果受限也在情理之中。相关研究表明，腐败行为在一定程度上提高了劣性企业获得政府采购订单的概率（Burguet and Che，2004），当劣性企业以非公平竞争方式获取政府采购订单倾斜时，良性企业反而被挤出市场（Marion，2007；Marion，2009），进而引发不利影响。直观来看，政府采购可以通过扩大市场需求、降低技术创新风险，激励企业技术研发创新。然而，市场竞争不足却抑制了政府采购本应发挥的技术创新激励效能（胡凯 等，2013）。此外，还有部分学者尚难以明确政府采购对企业微观治理效能的优劣，其原因在于企业获取政府支持的途径是否公正公平。当政府财政资金流向更加公平，企业在获得政府采购订单后，政府采购对其生产效率的加持会更为显著；相反，若企业获得政府采购的途径存在偏向性，那么对于企业而言，其激励生产的效应便会大打折扣（李明 等，2016）。在考虑区域因素时，政府采购出于"保护效应"，会将资源向本地企业倾斜，这反而使本地企业产生依赖心理，抑制了本地企业的质量创新；而异地政府采购为了获得强大的竞争力，则更为重视技术创新（武威、刘玉廷，2020）。简而言之，为了进一步发挥政府采购的政策作用，确保其竞争和公平的核心原则得以落实是十分必要的。

企业"脱实向虚"现象屡见不鲜，现有研究大多从影响因素和后续结果进行分析。在影响因素方面，民间金融发展（谭德凯、田利辉，2021）、融资约束（顾雷雷 等，2020）、经济政策不确定性（彭俞超 等，2018）等因素都能影响企业金融化。就金融化的后续结果而言，越来越多的学者认为过度金融化带来的经济影响是消极的（Law and Singh，2014）。企业金融化虽在短期内能给企业带来可观利润，但从长期来看，过度金融化会导致企业创新投入减少、创新能力下降，不利于企业持续发展（钟华明，2021）；企业金融化与生产效率并不是简单的线性关系，而是显著的倒"U"形关系，即当企业金融化超过一定程度时会降低生产效率，抬高生产成本，进而阻碍企业生产经营（胡海峰 等，2020）。企业金融产品的过度投资会使企业发展陷入恶性循环：企业金融化破坏了企业保持稳健发展的策略，导致企业未来的资产收益率不稳定，进而影响企业实体业绩积累，最终使企业迫于业绩压力，继续投资金融产品（张成思 等，2020）。

综观现有研究，国内外学者对于企业"脱实向虚"的了解较为深入，主要针对企业金融化的前因后果展开研究，成果丰硕。然而，现有文献对于政府治理企业金融化手段的研究仍然以政府补贴、税收优惠等传统财政政策为主，对于政府采购这类新兴政策工具的效应缺乏深入研究。实际上，传统政府手段治理企业金融化的效果并未达到预期，反而催生了"僵尸企业"等问题。因此，探讨政府采购与企业金融化之间的关系对于发挥政府作用治理脱实向虚问题具有重要现实意义。本章认为政府采购具有抑制企业金融化的治理作用，主要基于以下考虑。

一是政府采购的强大购买力能够为企业带来规模可观且风险较小的生产收益，促使企业心无旁骛做实业，从而减少企业对金融投资获利的依赖。首先，政府采购规模大。得益于财政收入的迅速增长，各级国家机关、事业单位和团体组织等政府采购主体拥有日益强大的购买力，已成为产品市场的重要客户群体。其次，政府客户违约的可能性比较小，具有声誉优势（Cohen and Li, 2020）。最后，政府客户较少受到竞争威胁和利润最大化动机的影响，降低了需求的不确定性，使企业更容易规划未来的实体生产。这种可观又稳定的收益能够巩固企业实体发展的竞争优势，从而弱化企业金融化获利的需求。

二是政府采购具有贯彻国家发展战略的导向性，能够引导企业主动契合心无旁骛做实业的战略要求，从而降低企业金融化意愿。作为政府重要的市场化治理手段，政府采购承载着众多面向企业的政策功能，政府客户注重采购活动的社会效益和示范效应。政府拥有广泛的行政裁量权，掌握大量资源，在资源配置中处于强势地位，企业与政府建立关联可享有诸多便利。为维系与政府更为长久的供销客户关系，拥有政府客户的企业，其机会主义行为动机更弱（Raman and Shahrur, 2008），响应政府号召更积极。面对振兴实体经济的国家重大发展战略，企业有动力将自身发展与政府政策相契合，从而抑制自身的金融化行为。

三是政府采购深度介入产品市场，精准掌握企业产品信息，能够通过自身监督和市场关注激励企业心无旁骛做实业，从而降低企业金融化程度。政府采购兼具市场参与者和市场管理者双重属性，要求其选择产品既要遵循市场规则，又要符合政策导向。但最为关键的是，其核心目标是确保产品满足自身需求,这使得政府采购对企业情况更为了解,也让企业信息更加透明(Chen and,2021)。政府客户重新筛选和更换供应商对企业具有威慑效应,可以监督企业的生产投入行为;同时,还可以通过采购行为引导市场中的其他企业和最终消费者更多关注与认可供应商企业或购买某类产品,从而激发市场对企业做实业的激励作用。综上所述,提出以下假设。

H_1:政府采购能够削弱企业金融化水平,引导企业心无旁骛做实业。

二、政府采购影响企业金融化的机制

资金蓄水池效应和投资替代效应是影响企业金融化的两大主流动机(胡奕明 等,2017)。其中,前者是基于预防储备目的进行资产配置,由于金融资产的流动性高于实体投资,企业投资金融资产,既能促进资本保值增值,又能在企业面临财务困境或得到更优投资机会时易于变现,避免企业出现资金短缺问题。而后者是指非金融企业投资金融产品的目的是获取尽可能多的利润,实体经济的低利润与虚拟经济的高利润差异促使投资者减少实体投资,将资金更多配置至金融产品获取收益,虚拟经济投资"替代"了实体投资。以这两大动机为基础,对接政府采购的现实功能,本章提出以下机制(见图8-2)。

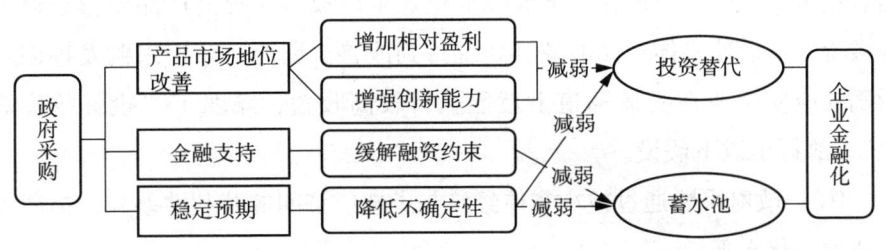

图 8-2 政府采购影响企业金融化的作用机制

1. 产品市场地位改善机制

政府采购首要目的是满足各级国家机关、事业单位和团体组织等政府采购主体的产品与服务需求,这是政府采购区别于政府扶持政策的最重要特征,因此其对企业最直观的影响在于产品市场渠道。一方面,政府采购增加了实业的相对盈利,缩小了企业实体投资与金融投资之间的收益率差距。庞大的政府采购规模可以为企业产品提供可观的销售市场,增加企业销售额,并且有研究发现当向政府客户进行更集中的销售时,企业的盈利能力更强(Cohen and Li,2020)。企业以追求利润最大化为目标,不仅关注实体经济的利润率,还关注金融投资能否带来更高的利润率,实体经济与虚拟经济的收益率差异才是其决策的主要考量,而政府采购会为企业带来实体经济收益率的相对上升,这会降低企业通过金融化投资"替代"实体投资的吸引力(宋军、陆旸,2015)。综上所述,政府采购能够通过产品市场渠道减小实体经济与虚拟经济间的营利性差异,从而减弱企业金融化发展的动机,促使其心无旁骛做实业。

另一方面,政府采购激励企业进行产品创新,提升了企业在行业内部的竞争力地位。在产品市场上,获得政府采购青睐的有效途径是产品质量过硬。政府采购承载着促进科技创新的政府职能,因此政府采购会有意识地提高了所购产品技术创新的权重,激发企业之间的研发创新竞争。企业为了更长久地维持与政府之间的这种供销关系,可能会更加重视产品质量的提升,从而加大研发创新力度(窦超 等,2020)。政府采购通过引导企业增强创新能力、提升产品质量以成为政府长期合作伙伴,与此同时,政府采购能给企业研发创新带来一定资金支撑。众所周知,研发创新是企业培育竞争优势的关键所在,能够降低企业生产成本、提高产品质量获得更高溢价,从而使实体产品的盈利状况得到改善。因此,政府采购发挥创新激励效应使企业在实体赛道上就能赢得较高收益,减弱了"投资替代效应"。故提出以下假设。

H_{2a}:政府采购通过减小实体经济与虚拟经济间的营利性差异,抑制了企业金融化水平。

H_{2b}:政府采购通过激励企业创新,抑制企业金融化水平。

2. 金融支持机制

通过政府采购建立的政企关联可以为企业带来更多的金融支持。首先,政府客户的购买力和公信力远高于普通企业客户,这在一定程度上能够降低企业违约风险,带来持续稳定的现金流,大大降低了企业陷入财务困境的概率（Goldman，2020）。其次，政府采购能够使大量资金流入企业，提高资金流动性，缓解融资约束压力，使企业有足够的资金投入主业。最后，政府采购能够使企业存在"信贷光环"，为企业提供担保以及传递信号，帮助企业即使在银行收缩贷款时也能够更顺利获得尽可能多的贷款，提高企业借贷融资的效率，缓解企业融资约束（武威、刘玉廷，2020）。综上所述，政府采购以提供稳定现金流、提高资金流动性和为企业提供担保的方式缓解了融资约束，减弱了企业流动性储备"蓄水池"需求，帮助企业心无旁骛做实业。因此，提出如下假设。

H_3：政府采购缓解了企业融资约束，削弱了企业金融化水平。

3. 稳定预期机制

政府客户作为企业的优质客户，购买力强、资金稳定、违约风险小，能起到降低企业不确定性的作用。不确定性感知会显著影响企业对于金融资产的持有偏好（聂辉华 等，2020）。当企业环境面临不确定性时，企业任何生产经营活动都可能被破坏，直接影响企业的业绩，丧失优势竞争力。对经济政策等外部环境的不确定性感知会导致企业加强预防性动机储备，减少实体投资，转而持有更多流动性强的金融资产来应对风险。当企业拥有政府客户时，意味着建立了良好的政企供销关系，企业获得了政府信任后可以在政策变动风险中拥有更强的谈判和应对能力，增强了投资实体的信心，储备流动性也可以释放出来，从而减少持有金融资产。政府采购稳定预期机制同时减弱了企业金融化的"投资替代"和"蓄水池"动机。由此，政府采购能够减弱企业不确定性感知，最终抑制企业金融化。故提出如下假设。

H_4：政府采购通过减弱企业不确定性感知，抑制企业金融化水平。

第三节 研究设计

一、数据来源与样本选择

本章选取 2008—2018 年沪深 A 股上市公司财务年报披露的前五大客

户所属的上市公司为样本,剔除了无法判断客户类型的样本(如"客户甲"等),随后,依据国家企业信用信息公示系统、企查查和天眼查等企业查询系统数据,对剩余样本的客户类型进行了手工检索识别,最终得到了4361个观测值。需要说明的是,现有数据无法得到上市公司所有客户信息,但年报中自愿披露了前五大客户信息,考虑到前五大客户的规模和对企业的重要性,本章使用前五大客户中属于政府采购主体的客户采购规模来衡量企业层面的政府采购规模,这是文献常见的做法(张沁琳、沈洪涛,2020;张沁琳,2019;窦超 等,2020)。不确定性感知数据来源于CNRDS数据库,其他数据来自CSMAR数据库。为了保证数据的规范完整,需符合以下要求:①样本限定为上市公司明确披露的前五大客户采购数据。②上市公司的企业性质清晰可辨。③数据选自2008—2018年,政府采购、企业金融化(金融资产/总资产)数据要完整。剔除2007年以前数据原因是,2007年之前上市公司的财务报表极少公布具体的前五大客户信息。④出于稳健性考虑,把所有变量进行上下1%的Winsorize缩尾处理。⑤将所有自变量滞后一期,以缓解可能存在的内生性问题。

二、计量模型与变量设定

1. 基准回归模型

为了检验政府采购对企业金融化的影响,借鉴张沁琳和沈洪涛(2020)的做法,在基准回归部分设计如下模型,见式(8-1):

$$Financ_{it} = \alpha_1 + \beta_1 Procurement_{it-1} + \sum \gamma Controls_{it-1} + Industry + Year + \varepsilon_{it}$$

(8-1)

其中,被解释变量 $Financ$ 是企业金融化水平,参考彭俞超等(2018)的研究,以企业金融资产持有量比总资产计算。显然,该比值越大,企业金融化水平越高。解释变量 $Procurement$ 分别通过政府大客户采购($Cpro\_govt$)、政府背景大客户采购($Cpro\_govtGS$)两个变量来表示。本章将前五大客户中的各级国家机关、事业单位和团体组织等政府采购主体定义为政府大客户；同时，考虑到国有企业在经济中占据主导地位，并承担了大量的经济社会职能，本章在原有政府大客户的基础上纳入国有企业，将两者共同定义为政府背景大客户。本章运用政府大客户采购、政府背景大客户采购这两个变量来衡量企业层面的政府采购情况。为了规避潜在的内生性问题，本章还对可能影响企业金融化决策的企业特征变量进行了控制。并且该模型控制了行业和年份固定效应。

2. 中介机制模型

为了进一步检验政府采购对企业金融化水平的影响机制，在机制检验部分采用逐步中介效应分析方法，构建以下模型，见式（8-2）和式（8-3）：

$$Med_{it} = \alpha_2 + \beta_2 Procurement_{it-1} + \sum \gamma Controls_{it-1} + Industry + Year + \mu_{it} \tag{8-2}$$

$$Financ_{it} = \alpha_3 + \beta_3 Procurement_{it-1} + \delta Med_{it} + \sum \gamma Controls_{it-1} + Industry + Year + \theta_{it} \tag{8-3}$$

中介效应分析包含三个步骤：第一步，通过式（8-1）检验政府采购对企业金融化的影响；第二步，利用式（8-2）检验政府采购对四个中介变量的影响。其中，中介变量（Med）分别为产品市场相对收益率（$Relrate$）、专利授权（$Patent$）、融资约束（TR 及 SAC）和不确定性感知（$Tone$），这些中介变量用于刻画产品市场地位改善、金融支持和稳定预期等机制；第三步，在式（8-1）的基础上加入中介变量，运用式（8-3）检验中介变量的显著性和作用方向，以此判断中介效应是否成立。

3. 变量设定

（1）政府采购的衡量。

根据《中华人民共和国政府采购法》中的规定，本章将国家机关、事业单位和团体组织这三类利用财政支出对企业进行采购的机构归为政府机关。在识别上市公司的采购对象时，由于现有数据无法得到上市公司所有的客户信息，不过上市公司年报中会自愿披露前五大客户信息。鉴于前五大客户的规模和重要性，政府大客户采购能够用以刻画政府采购情况。因此，本章将前五大客户中属于国家机关、事业单位和团体组织且利用财政支出对企业进行采购的机构定义为政府机关大客户。当企业存在政府机关大客户时，将政府机关大客户业务量占年度业务总额的比例（$Cpro\_govt$）计算出来。参考张沁琳和沈洪涛（2020）、窦超等（2020）的研究，考虑到国有企业在我国经济中占据主导地位，并承担了大量经济社会职能。虽然《中华人民共和国政府采购法》和《中华人民共和国政府采购法实施条例》并没有明确将国有企业纳入政府采购范畴，但国有企业的采购在一定程度上仍能反映政府支持和政策导向。基于此，本章也将国有企业纳入政府采购范畴。具体步骤为，依据上市公司披露的财务报表的前五大客户信息以及一些通过手工查找的数据，匹配企业性质，判断其是否为国有独资或国有控股企业，最后计算出政府背景大客户业务量占年度业务总额的比例（$Cpro\_govtGS$）和国有企业大客户业务量占年度业务总额的比例（$Cpro\_govtS$）。

（2）企业金融化水平的衡量。

参考杜勇等（2017）的做法，以企业所持有的金融资产占总资产的比例衡量金融化程度。由于现有文献对于金融资产的衡量口径各不相同，本章采用文献中交叉共有的交易性金融资产、衍生金融资产、可供出售金融资产净额、持有至到期投资净额和投资性房地产净额这五个会计科目，来刻画企业持有的金融资产。企业金融化计算公式为：$Financ$=（交易性金融资产+衍生金融资产+可供出售金融资产净额+持有至到期投资净额+投资性房地产净额）/总资产×100%。

（3）控制变量选择。

具体选择如下：①企业大客户采购比例（$Cpro\_firm$）。在上市公司前五大客户中，企业大客户数量往往最多，可能会对企业金融化产生影响。因此，在控制变量中加入企业大客户采购额占总销售额比例，以此作为企业大客户采购比例（张沁琳、沈洪涛，2020）。②企业规模（$Size$）。企业规模会直接影响企业的投资策略，并且规模不同的企业投资策略存在明显差异（聂辉华 等，2009），本章通过对企业的资产总额取对数，来衡量企业规模并加以控制。③政府补贴（*Subsidy*）。为了避免同为政府干预经济重要手段的政府采购和政府补助对企业经营发展的内生性影响（窦超 等，2020），加入政府补助变量，通过政府补助/资产总计进行衡量。④财务杠杆（*Leverage*）、流动比率（*CR*）和有形资产比率（*Tangible*）。影响企业要素投资的另一重要标准是企业外部融资水平的高低，本章通过资产负债率来衡量企业融资能力，通过流动比率和有形资产比率来衡量企业短期变现能力与资本调整能力（窦超 等，2020；曹春方 等，2015）。⑤经营现金流（*OCF*）和现金持有量（lncash）。除了外部融资对企业投资存在影响外，企业内部现金流是否充裕也反映了企业内部融资情况，进而影响企业投资。本章采用经营活动产生的现金净流量与期末总资产的比值，来衡量经营现金流（刘金东、管星华，2019）。⑥成长能力（*Growth*）。企业成长能力能够体现企业未来的发展趋势和发展速度，进而决定企业未来的规划和投融资策略。本章选取营业总收入增长率来刻画企业成长能力（万良勇 等，2020）。⑦固定资产比率（*PPE*）。固定资产比率是衡量企业财务结构是否稳定的重要因素，而财务结构又会影响企业投资。固定资产比率采用期末固定资产净额与总资产的比值来表示（杜勇、眭鑫，2021）。⑧上市年限（lnage）。除了以上变量，本部分还加入上市年限进行控制，上市年限以公司上市年份指标取对数来衡量处理。变量名称与定义如表8-1所示。

表8-1 变量名称与定义

变量类型	变量名称	变量符号	变量定义
被解释变量	企业金融化	*Financ*	（交易性金融资产+衍生金融资产+可供出售金融资产净额+持有至到期投资净额+投资性房地产净额）/总资产×100%
核心变量	政府大客户采购	*Cpro_govt*	政府大客户采购额占总销售额比例×100%
	政府背景大客户采购	*Cpro_govtGS*	政府背景大客户采购额占总销售额比例×100%

续表

变量类型	变量名称	变量符号	变量定义
控制变量	企业大客户采购	Cpro_firm	企业大客户采购额占总销售额比例×100%，企业大客户是指除政府背景大客户之外的前五大客户
	公司规模	Size	总资产的自然对数
	财务杠杆	Leverage	资产负债率
	经营现金流	OCF	经营活动产生的现金净流量与期末总资产的比值
	固定资产比率	PPE	期末固定资产净额与总资产的比值
	营业总收入增长率	Growth	本年营业收入增加额对上年营业收入总额的比率
	流动比率	CR	流动资产对流动负债的比率
	政府补贴	Subsidy	公司获得的政府补贴与期末总资产的比值
	上市年限	lnage	公司上市年份数的自然对数
	有形资产比率	Tangible	（固定资产+存货）/总资产
	现金持有量	lncash	货币资金的自然对数
	行业虚拟变量	Industry	位于该行业时，取值为1，否则为0
	时间虚拟变量	year	位于该年度时，取值为1，否则为0
中介变量	产品市场相对收益率	Relrate	（企业主营业务收益率－行业金融投资收益率）×100%
	专利授权	Patent	公司授权专利总数加1的自然对数
	融资约束1	TR	应收账款净额/总资产×100%
	融资约束2	SAC	若位于SA指数1/4分位数以下，取值为1；否则为0
	不确定性感知	Tone	词典积极词汇数/年报词汇数，其中，词典积极词汇数是基于LM词典计算年报文本中积极词汇数×100%

三、变量描述性统计

主要变量的描述性统计结果如表8-2所示。样本总量为4361个，其中，政府大客户采购大于0的样本量为855个，占全部样本的19.6%；政府大客户采购大于0的样本中，$Cpro\_govt$均值为11.844，最大值达到了46.290。政府背景大客户采购大于0的样本量为3822个，占全部样本的

87.6%。在全部样本中,金融资产比总资产 $Financ$ 均值为 2.956,超过了其中位数 0.367。这一结果表明,部分上市公司对金融资产的配置比例偏高,实体企业金融化问题普遍存在。

表8-2 主要变量描述性统计

变量	样本量	平均值	标准差	最小值	中位数	最大值
Panel A:政府采购大于0的样本						
$Cpro\_govt$	855	11.844	13.299	0.010	6.180	46.290
$Cpro\_govtGS$	3822	24.545	23.383	0.270	16.325	99.070
Panel B:全部样本						
$Financ$	4361	2.956	6.276	0.000	0.367	39.654
$Cpro\_firm$	4361	11.842	16.138	0.000	5.660	100.000
$Size$	4361	21.915	1.224	18.963	21.782	25.310
$Leverage$	4361	0.466	0.221	0.040	0.469	1.093
OCF	4361	0.043	0.083	-0.262	0.042	0.285
PPE	4361	0.254	0.179	0.002	0.219	0.750
$Growth$	4361	0.219	0.670	-0.650	0.111	5.575
CR	4361	2.247	2.828	0.215	1.434	23.312
$Subsidy$	4361	0.006	0.009	0.000	0.003	0.054
$lnage$	4361	1.988	0.932	0.000	2.303	3.178
$Tangible$	4361	0.405	0.184	0.022	0.394	0.831
$lncash$	4361	19.937	1.287	15.672	19.916	23.206
$Relrate$	4361	1.529	10.174	-192.617	1.991	46.153
$Patent$	3010	2.645	1.261	0.693	2.565	7.249
TR	4361	10.783	10.132	0.000	7.920	63.191
SAC	4361	0.282	0.450	0.000	0.000	1.000
$Tone$	4219	6.874	0.627	2.679	6.836	9.587

第四节 实证结果分析

一、政府采购影响企业金融化的基准回归结果

政府采购影响企业金融化的基准回归结果，具体如表8-3所示。结果表明，第（1）列和第（5）列在引入控制变量并控制了行业和年份固定效应后，无论是政府大客户采购还是政府背景大客户采购，对企业金融化水平的影响均在1%的水平下显著为负。这意味着政府采购比例越高，企业的金融资产占比就越低。第（2）列在控制了个体固定效应后，所得结论依然稳健。考虑到企业大客户在公司前五大客户中占据着主要地位，本章对上市公司前五大客户中企业大客户采购（$Cpro\_firm$）进行了控制和对比分析。需要说明的是，这里的企业大客户是指除政府背景大客户之外的前五大客户。第（3）列和第（4）列均表明，政府大客户和企业大客户采购的系数显著性差异明显。与企业大客户相比，政府大客户能够显著降低企业金融化程度。这一结果表明，降低企业金融化的作用主要是由政府大客户驱动，而非企业大客户。这一结论进一步支持了政府大客户对企业专注于实业经营的积极效应，与H_1预期一致。

表8-3 政府采购影响企业金融化的基准回归

变量	政府大客户				政府背景大客户
	(1)	(2)	(3)	(4)	(5)
	$Financ$	$Financ$	$Financ$	$Financ$	$Financ$
政府采购	-0.036***	-0.039**	-0.036***	-0.039**	-0.019***
	(-2.84)	(-2.15)	(-2.80)	(-2.14)	(-3.00)
$Cpro\_firm$			0.002	0.001	-0.002
			(0.23)	(0.09)	(-0.29)
$Size$	1.246***	-0.102	1.252***	-0.100	1.326***
	(3.14)	(-0.35)	(3.16)	(-0.35)	(3.28)
$Leverage$	-4.196***	0.477	-4.194***	0.478	-4.118***
	(-3.80)	(0.50)	(-3.79)	(0.50)	(-3.74)

续表

变量	政府大客户				政府背景大客户
	(1)	(2)	(3)	(4)	(5)
	Financ	*Financ*	*Financ*	*Financ*	*Financ*
OCF	1.175	0.940	1.175	0.945	1.082
	(0.78)	(1.03)	(0.78)	(1.03)	(0.72)
PPE	-5.483***	0.472	-5.495***	0.472	-4.978***
	(-3.33)	(0.25)	(-3.34)	(0.25)	(-3.05)
Growth	-0.329**	-0.000	-0.330**	-0.001	-0.312**
	(-2.58)	(-0.00)	(-2.58)	(-0.01)	(-2.49)
CR	-0.139***	-0.052	-0.139***	-0.052	-0.124***
	(-3.01)	(-0.85)	(-3.02)	(-0.85)	(-2.72)
Subsidy	-27.249**	-11.401	-27.133**	-11.394	-29.685**
	(-2.30)	(-2.29)	(-1.38)	(-1.38)	(-2.48)
lnage	1.495***	0.836***	1.495***	0.836***	1.495***
	(7.31)	(2.59)	(7.31)	(2.59)	(7.32)
Tangible	-6.012***	-3.380**	-6.009***	-3.374*	-6.392***
	(-3.15)	(-1.96)	(-3.15)	(-1.96)	(-3.29)
lncash	-1.291***	-0.363**	-1.292***	-0.363**	-1.392***
	(-3.82)	(-2.03)	(-3.82)	(-2.02)	(-3.98)
年份固定效应	Yes	Yes	Yes	Yes	Yes
个体固定效应	No	Yes	No	Yes	No
行业固定效应	Yes	No	Yes	No	Yes
N	4361	4035	4361	4035	4361
R^2_adj	0.18	0.77	0.18	0.77	0.18

注：政府采购对应政府大客户、政府背景大客户分别表示 $Cpro\_govt$、$Cpro\_govtGS$，括号内为 t 值，***、**和*分别表示在1%、5%和10%的水平下显著。下表同。

二、稳健性检验

基准回归部分对政府采购采用两种不同口径的刻画方式进行对比分析，所得结论具有稳健性。但政府采购与企业金融化之间可能存在反向因果等内生性问题，例如，究竟是政府采购能够抑制企业金融化，还是注重实业的企业更易于得到政府的青睐？为此，本章采用了工具变量法进行检验，并使用Heckman两阶段模型来解决样本选择问题，通过替换变量的方式来解决衡量偏误问题。

1. 双重差分方法

针对政府采购与企业金融化之间可能存在的反向因果关系，本章将2015年1月30日颁布的《中华人民共和国政府采购法实施条例》这一事件，作为外生冲击进行双重差分检验。该法规旨在规范政府采购评审流程，进而加强政府采购管理，是我国政府采购法治建设进程中具有里程碑意义的重大成果（财政部法条司，2015）。迄今为止该法规已经实施多年，评估时点已然成熟，并恰好在本章样本期间内制定且颁布实施，这为采用双重差分法检验提供了契机。

对于样本中的企业，当政府大客户或政府背景大客户采购比例大于0时，将 Treat 赋值为1，这类企业作为处理组；否则 Treat = 0，这些企业作为控制组。Time 为时间变量，在2015年及以后取值为1，2015年以前取值为0。为了缓解因遗漏非前五位的政府客户带来的偏误，同时考虑到政策会因政府采购比例大小的不同而产生各异的影响，除了使用个体维度的政策分组虚拟变量之外，另外将政府大客户采购比例作为处理强度，以2015年前后为处理时点，运用广义双重差分法估计了政府采购比例对企业金融化的影响，并进行了相应检验，结果见表8-4第（3）列。结果显示，不同口径衡量的政府采购与时间交叉项均为负且显著。这证明了在2015年之后，政府大客户采购显著抑制了企业金融化程度，有力地支持了本章结论。此外，本章进行的平行趋势检验表明，2015年以前系数不显著，2015年及之后系数开始显著异于0，满足平行假定，具体如表8-5所示。

表8-4 双重差分法

变量	政府大客户	政府背景大客户	政府大客户
	（1）	（2）	（3）
	Financ	Financ	Financ
Treat×Time	-1.118***	-1.175*	
	(-2.66)	(-1.78)	
Treat	0.076	-0.365	
	(0.28)	(-1.11)	

续表

变量	政府大客户 (1) Financ	政府背景大客户 (2) Financ	政府大客户 (3) Financ
$Cpro\_govt \times Time$			-0.051***
			(-3.10)
$Cpro\_govt$			-0.017
			(-1.53)
$Time$	0.255	1.082	0.165
	(0.54)	(1.43)	(0.35)
Controls	Yes	Yes	Yes
year	Yes	Yes	Yes
Industry	Yes	Yes	Yes
N	4361	4361	4361
R^2_a	0.18	0.18	0.18

表 8-5 双重差分法平行趋势检验

变量	政府大客户 (1) Financ	政府背景大客户 (2) Financ
Treat	0.045	-0.569
	(0.11)	(-1.11)
Before3	0.555	1.134
	(1.15)	(1.52)
Before2	-0.266	0.203
	(-0.53)	(0.42)
Current	-0.044	-0.734
	(-0.06)	(-1.10)
After1	-1.718**	-2.324*
	(-2.37)	(-2.04)
After2	-1.127	0.144
	(-1.71)	(0.13)
After3	-1.138*	-1.951
	(-1.75)	(-1.24)
Controls	Yes	Yes

续表

变量	政府大客户 (1) Financ	政府背景大客户 (2) Financ
year	Yes	Yes
Industry	Yes	Yes
N	4361	4361
R^2_a	0.18	0.18

2. 工具变量检验

参考张国胜等（2018）的研究，分别将"地区—行业政府采购年度均值"（$nCpro\_govt$、$nCpro\_govtGS$）作为政府采购的工具变量，运用2SLS方法进行检验。在工具变量回归中，第一阶段的 F 值检验表明，该工具变量满足相关性条件。不可识别检验的 Anderson LM 统计量均在1%的显著性水平下，拒绝了"工具变量识别不足"的原假设；弱工具变量检验的 Cragg-Donald Wald F 统计量的值全部大于经验值10，并且都大于Stock-Yogo弱识别检验10%的阈值16.38，这表明弱工具识别检验通过，进而说明所选取的工具变量是有效的。表8-6的回归结果显示，政府采购对企业金融化有显著的抑制作用，这表明本章的主要结论依然成立，结果具有稳健性。

表8-6 工具变量法

变量	政府大客户		政府背景大客户	
	(1)	(2)	(3)	(4)
	第一阶段	第二阶段	第一阶段	第二阶段
	$Cpro\_govt$	Financ	$Cpro\_govtGS$	Financ
工具变量	0.612*** (13.94)		0.765*** (32.00)	
政府采购		-0.067*** (-3.65)		-0.027*** (-3.21)
Controls	Yes	Yes	Yes	Yes
year	Yes	Yes	Yes	Yes

续表

变量	政府大客户		政府背景大客户	
	（1）	（2）	（3）	（4）
	第一阶段	第二阶段	第一阶段	第二阶段
	$Cpro\_govt$	$Financ$	$Cpro\_govtGS$	$Financ$
$Industry$	Yes	Yes	Yes	Yes
N	4361	4361	4361	4361
R^2_a	0.26	0.18	0.45	0.18
F 统计量	194.30***		1024.16***	
Anderson LM		77.213***		422.711***
Cragg-Donald Wald F		1171.38		1422.551

注：Cragg-Donald Wald F 检验为弱识别检验，若检验结果大于 Stock-Yogo 弱识别检验的阈值，则检验通过。

3. Heckman 两阶段检验

针对上市公司在披露企业信息和识别企业性质时，可能存在样本选择偏误问题，本章选用 Heckman 两阶段方法，检验研究结果是否具有稳健性。具体操作方法为：首先根据大股东占比、企业规模、研发投入、资产负债率、有形资产比率等一系列可能影响上市公司信息披露的因素，据此估计出逆米尔斯比率，然后将该比率代入基准回归检验当中。表 8-7 第（1）列和第（2）列结果表明，在排除了信息披露和识别偏误后，政府采购在不同程度上仍能抑制企业对金融产品的投资，进而促进企业专注于实业发展，证明结果具有稳健性。

表 8-7　Heckman 检验和替换企业金融化指标检验

变量	Heckman 检验		替换企业金融化指标刻画	
	（1）	（2）	（3）	（4）
	政府大客户	政府背景大客户	政府大客户	政府背景大客户
政府采购	-0.023*	-0.020***	-0.033***	-0.017***
	(-1.84)	(-4.22)	(-3.24)	(-4.02)
$Controls$	Yes	Yes	Yes	Yes
$year$	Yes	Yes	Yes	Yes
$Industry$	Yes	Yes	Yes	Yes

续表

变量	Heckman 检验		替换企业金融化指标刻画	
	(1)	(2)	(3)	(4)
	政府大客户	政府背景大客户	政府大客户	政府背景大客户
N	13178	13178	4361	4361
Wald chi^2	473.89***	485.84***		
R^2_a			0.20	0.20

注：Wald chi^2 是检验模型总体拟合的统计量，其显著程度反映 Heckman 模型总体回归效果。

4. 替换企业金融化指标刻画

目前，对于企业金融化指标的刻画各不相同，除了本章基准回归所使用的常见金融资产界定外，参考杜勇等（2017）的研究，将常见金融资产与发放贷款及垫款净额相加，以此作为新的指标进行检验。表8-7第（3）列和第（4）列的结果表明，政府采购对企业金融化具有显著的抑制作用。

第五节 机制分析

上述回归结果表明，政府采购会抑制企业金融化。但是对于这一结果背后存在的机制缺乏合理的解释，即政府采购通过何种机制影响企业金融化，仍有待深入研究。本章将运用逐步法中介效应模型，从产品市场地位改善、金融支持和稳定预期三个角度出发，深入探究政府采购对企业金融化的中介影响机制。

一、产品市场地位改善机制

在杨筝等（2019）研究成果的基础上，本章采用"产品市场相对收益率＝企业主营业务收益率－行业金融投资收益率"这一公式，来直接衡量企业实体经济与虚拟经济之间的营利性差异。其中，企业主营业务收益率采用"（营业利润－投资收益－公允价值变动收益＋对联营企业和合营企业的投资收益）／总资产"的方式进行刻画（曹丰、谷孝颖，2021），金融投资收益率则采用"（投资收益＋公允价值变动收益＋其他综合收益－其中对联营企业和合营企业的投资收益）/总资产"来刻画（聂辉华 等，2020），并取行业均值。需要注意的是，$Relrate$ 数值越大，表明企业在产品市场的相对盈利率越高。如表 8-8 第（1）列和第（3）列所示，政府大客户采购和政府背景大客户采购都对产品市场相对盈利率的提高起到了促进作用，这意味着政府采购的规模越大，就越能够改善企业在产品市场的地位。第（2）列和第（4）列显示，产品市场相对收益率至少在 5% 的显著性水平下，与企业金融化呈现出显著的负相关关系。

综上所述，以上结果充分表明，政府采购通过提升产品市场的相对盈利率，缩小实体经济与虚拟经济间的营利性差异，从而帮助企业专注于实业发展，降低企业的金融化水平。

表 8-8 产品市场增加实业相对盈利效应

变量	政府大客户		政府背景大客户	
	（1）	（2）	（3）	（4）
	$Relrate$	$Financ$	$Relrate$	$Financ$
政府采购	0.028** (2.37)	-0.035*** (-3.97)	0.017** (1.99)	-0.019*** (-4.74)
$Relrate$		-0.032*** (-2.60)		-0.031** (-2.54)
Controls	Yes	Yes	Yes	Yes
year	Yes	Yes	Yes	Yes
Industry	Yes	Yes	Yes	Yes
N	4361	4361	4361	4361
R^2_adj	0.20	0.18	0.20	0.18

此外，本部分还检验了政府采购是否通过激励企业产品创新、提升企业在行业内部的竞争力地位，进而对企业金融化产生影响。

本章采用专利授权数量（$Patent$）衡量企业产品创新能力，该数值越大，表明企业的产品创新能力越强。如表 8-9 中第（1）列和第（3）列所示，政府大客户采购和政府背景大客户采购与企业产品创新能力呈负相关关系，并且政府大客户采购的影响并不显著，由此可见，并未发现政府采购能有效地激励企业提升产品创新能力。这一结果虽与前述理论假设相矛盾,但合乎实际情况。可能原因如下:一是政府采购能监督激励企业研发创新的前提在于,企业是凭借产品优势获得政府采购的机会,即政府采购需遵循公开透明、公平竞争的原则。实际上,政府采购出于保护本地企业的目的,更倾向于采购本地企业的产品,而这可能会阻碍企业的技术进步(武威、刘玉廷,2020;胡凯 等,2013)。二是政府采购促进企业自主创新的目标不够明确(桂黄宝,2017)。《中华人民共和国政府采购法》中明确列示的政府采购政策目标包括保护环境、扶持不发达地区和少数民族地区、促进中小企业发展等,但创新支持功能未包含其中。三是政府采购促进创新政策的落实效率依然较低(周代数,2021)。在政府采购支持创新产品的政策设计中,尚未建立合理明确的创新采购风险分担和激励机制,导致采购部门的占优策略是规避创新采购风险,执行政策动力不足,加之采购部门的专业技术和风险评估能力参差不齐,也缺乏足够的政策执行能力。通过观察第(2)列和第(4)列发现,创新能力的提升能够抑制企业金融化,原因在于,当企业更重视技术革新且在研发方面投入较多时,产品质量及市场竞争力通常会有较大幅度的提升,企业依靠实业就能获取高收益,从而降低了企业金融投资的动机。然而,政府采购通过激励企业产品创新来抑制企业金融化的机制并未得到证实;相反,还发现政府背景的大客户采购可能会通过降低产品质量促进企业金融化。这一现象反映出现有政府采购政策未能有效提升企业的创新能力。

表 8-9 产品市场激励企业创新效应

变量	政府大客户		政府背景大客户	
	(1)	(2)	(3)	(4)
	$Patent$	$Financ$	$Patent$	$Financ$
政府采购	-0.002 (-0.81)	-0.015 (-1.28)	-0.002** (-2.27)	-0.017*** (-3.90)
$Patent$		-0.162* (-1.87)		-0.174** (-1.99)
Controls	Yes	Yes	Yes	Yes
year	Yes	Yes	Yes	Yes

续表

变量	政府大客户		政府背景大客户	
	(1)	(2)	(3)	(4)
	Patent	*Financ*	*Patent*	*Financ*
Industry	Yes	Yes	Yes	Yes
N	3010	3010	3010	3010
R^2_adj	0.29	0.15	0.29	0.15

此外，表 8-10 单独列示了最能体现创新水平的发明专利授权的回归结果。在专利体系中，专利主要分为发明专利、实用新型和外观设计三种类型。其中，发明专利是指对产品、方法或者其改进所提出的新的技术方案，它主要体现出新颖性、创造性和实用性等特点，是所有专利类型中最能体现创新水平的一种。因此，本部分专门将发明专利授权数量作为衡量企业创新水平的指标，进行了回归检验。检验结果显示，无论是以政府大客户还是以政府背景大客户衡量的政府采购均未能有效促进企业发明授权数量的增加，与前文结论一致。这进一步表明，政府采购政策在提升企业创新能力方面，并未取得有效的成果。

表 8-10 产品市场激励企业产品创新效应（发明专利授权）

变量	政府大客户		政府背景大客户	
	(1)	(2)	(3)	(4)
	Invention	*Financ*	*Invention*	*Financ*
政府采购	0.004 (1.36)	−0.014 (−1.15)	−0.002** (−2.46)	−0.018*** (−3.98)
Invention		−0.307*** (−3.51)		−0.325*** (−3.70)
Controls	Yes	Yes	Yes	Yes
year	Yes	Yes	Yes	Yes
Industry	Yes	Yes	Yes	Yes
N	3010	3010	3010	3010
R^2_adj	0.24	0.15	0.24	0.15

二、金融支持机制

本部分对政府采购能否通过金融支持效应，缓解企业融资约束进而影响企业金融化进行了检验。在融资约束方面，采用了阳佳余（2012）的研究方法，选取商业信贷约束（TR）作为融资约束的代理变量，计算公式为：商业信贷约束（TR）= 应收账款净额÷总资产。该指标数值越高，意味着企业越有能力成为商业信贷的供给方，从侧面间接说明企业面临的融资约束越小。

由表 8-11 第（1）列和第（3）列可知，政府大客户采购和政府背景大客户采购与应收的商业信贷呈正相关关系，且都在 1% 的水平下显著，表明政府采购比例越高，企业自身受到的融资约束越弱。由第（2）列和第（4）列可得，应收的商业信贷与企业金融化在 1% 的水平下呈现出显著的负相关关系，表明当企业应收的商业信贷越多时，其融资约束越弱，相应地，企业金融化水平也就越低。这一结果与张成思和张步昙（2016）的观点是一致的。

表 8-11　以 *TR* 衡量的融资约束效应

变量	政府大客户		政府背景大客户	
	（1）	（2）	（3）	（4）
	TR	*Financ*	*TR*	*Financ*
政府采购	0.071***	−0.028***	0.037***	−0.015***
	(3.46)	(−3.13)	(5.51)	(−3.84)
TR		−0.111***		−0.109***
		(−10.63)		(−10.47)
Controls	Yes	Yes	Yes	Yes
year	Yes	Yes	Yes	Yes
Industry	Yes	Yes	Yes	Yes
N	4361	4361	4361	4361
R^2_adj	0.33	0.20	0.33	0.20

本部分还采用了以 *SA* 指数作为刻画融资约束的方式进行机制检验，具体处理步骤如下。参考 Hadlock 和 Pierce（2010）的研究方法，计算 *SA*

指数,其计算公式为:$-0.737\times Size+0.043\times Size^2-0.04\times Age$。其中,$Size$为企业资产总计的对数,$Age$为企业上市年限。需要注意的是,SA指数为负且绝对值越大,表明企业受到的融资约束程度越严重。

回归结果如表8-12所示,由第(1)列和第(3)列可知,政府采购比例与SA指数呈正相关关系,表明政府采购缓解了企业的融资约束。第(2)列和第(4)列表明,企业受到融资约束越严重,企业金融化程度也就越高。不过,政府大客户采购比例的系数并不显著,这可能与SA指数分布差异不大有关。但整体来看,该结果与采用"应收账款/总资产"衡量融资约束时得出的结论基本一致。

表8-12 以SA指数衡量的融资约束效应

变量	政府大客户		政府背景大客户	
	(1)	(2)	(3)	(4)
	SA	$Financ$	SA	$Financ$
政府采购	0.000	-0.035***	0.000***	-0.018***
	(0.72)	(-4.05)	(6.47)	(-4.64)
SA		-3.504**		-2.905**
		(-2.46)		(-2.05)
Controls	Yes	Yes	Yes	Yes
year	Yes	Yes	Yes	Yes
Industry	Yes	Yes	Yes	Yes
N	4361	4361	4361	4361
R^2_adj	0.36	0.18	0.36	0.18

本部分还借鉴了高虹和袁志刚(2021)的研究方法,根据企业SA指数的大小对企业进行分类,构建一个能够反映融资约束强弱的0-1变量SAC。具体的分类规则为:若企业位于SA指数1/4分位数以下,说明企业所受融资约束较强,此时变量SAC取值为1;反之,若企业的SA指数不在1/4分位数以下,则变量SAC取值为0。

表8-13中第(1)列和第(3)列表明,政府采购缓解了企业的融资约束;第(2)列和第(4)列表明,企业受到融资约束越严重,其金融化

程度也就越高。并且，相关变量至少在5%的水平下显著，进一步证实了政府采购通过缓解融资约束抑制企业金融化的中介机制是成立的。

表 8-13 以 *SAC* 衡量的融资约束效应

变量	政府大客户		政府背景大客户	
	(1)	(2)	(3)	(4)
	SAC	*Financ*	*SAC*	*Financ*
政府采购	-0.002**	-0.033***	-0.001***	-0.018***
	(-2.49)	(-3.83)	(-3.72)	(-4.60)
SAC		1.061***		1.031***
		(4.28)		(4.18)
Controls	Yes	Yes	Yes	Yes
year	Yes	Yes	Yes	Yes
Industry	Yes	Yes	Yes	Yes
N	4361	4361	4361	4361
R^2_adj	0.25	0.18	0.25	0.19

三、稳定预期机制

本部分对政府采购是否通过影响企业的不确定性感知，进而对企业金融化产生影响进行了检验。当企业面临不确定性时，通常会在减少实体投资的同时增加金融投资，这样做的目的在于，当情况好转时，金融资产能迅速变现为可使用的资金。总而言之，无论企业是出于"蓄水池"效应还是"投资替代"效应的考虑，在面临不确定性时，都会增加金融资产投资。参照曾庆生等（2018）的研究，企业不确定性感知的计算公式为：$Tone = LM$ 词典积极词汇数/年报词汇数，其中，LM 词典积极词汇数是基于 LM 词典计算年报文本中的积极词汇数而得。$Tone$ 的数值越大，表明企业对未来预期越积极乐观，相应地，企业不确定性感知也就越弱。

由表 8-14 第（1）列和第（3）列的结果可知，政府大客户采购和政府背景大客户采购都显著抑制了企业的不确定性感知，说明从总体上来看，政府采购能够抑制企业的不确定性感知；第（2）列和第（4）列显示，在1%的显著性水平下，$Tone$ 的系数均为负且显著，即企业的不确定性感知越强,其金融化水平就越高。因此,上述结果表明企业不确定性感知具有中介效应,即政府采购能够减弱企业的不确定性感知,降低企业的预防性储备动机,从而促进企业专注于实业发展。

表8-14 企业不确定性效应

变量	政府大客户		政府背景大客户	
	(1)	(2)	(3)	(4)
	$Tone$	$Financ$	$Tone$	$Financ$
政府采购	0.004** (2.38)	-0.032*** (-3.65)	0.001* (1.68)	-0.018*** (-4.46)
$Tone$		-0.656*** (-4.79)		-0.657*** (-4.80)
$Controls$	Yes	Yes	Yes	Yes
$year$	Yes	Yes	Yes	Yes
$Industry$	Yes	Yes	Yes	Yes
N	4219	4219	4219	4219
R^2_adj	0.10	0.18	0.10	0.19

第六节 拓展分析

政府采购对企业金融化的影响可能会因政府采购时长、企业特征的不同而有所差异。基于此,本章从政府采购时长、企业内部控制能力的高低以及市场关注程度几个维度进行了分组检验。

一、基于政府采购时长的异质性检验

持续性的政府采购,对于稳定企业收益、减少企业机会主义行为具有重要意义。本章的政府采购时长实际上是用于衡量企业是否拥有持续稳定的政府大客户,参考窦超等(2020)的研究成果,将政府采购进一步分为持续性采购和偶发性采购,按照公司在样本期内获得政府采购的年份数量由少到多进行总体排序。若某公司获得政府采购的年数超过所有企业的中位数,则该公司就被归为持续组;反之,则被归为偶发组。

检验结果如表8-15所示,对于拥有持续稳定的政府大客户的企业来说,政府大客户与企业金融化呈显著负相关关系,且在10%的水平下显著。与之不同的是,对于偶发组而言,政府大客户对企业金融化影响并不显著。经验 p 值的结果显示,两组间的差异在统计上具有显著性。以上结果均说明,持续性政府采购相对于偶发性政府采购而言,是企业更为稳定的业绩来源,在给企业带来稳定收益的同时提高了企业机会主义行为的成本。因此,持续性政府采购有助于稳定业绩、降低风险,从而更有效地抑制企业的金融化行为。

二、基于企业内部控制的异质性检验

高质量的内部控制体系,能够降低企业内部代理成本,缓解信息不对称的问题,同时进一步放大政府采购带来的产品市场和融资方面的优势。因此,政府采购对企业金融化的影响可能会因企业内部控制水平的不同而有所差异。本章使用企业内部控制是否存在缺陷作为衡量企业内部控制水平的指标,相关数据来源于 CNRDS 数据库。具体的衡量方式为:若企业的内部控制存在缺陷,则该指标取值为 1;反之,取值为 0。依据这一指标,将企业是否存在内部控制缺陷分为两组进行对比分析。

表 8-15 结果表明,对于内部控制更为完善的企业而言,政府大客户采购能显著抑制其金融化程度;而对于内部控制存在缺陷的企业而言,政府采购的抑制作用并不显著,并且两组系数之间的差异在统计上具有显著性。产生这种差异的可能原因在于:高质量的内部控制不仅能通过降低内部代理成本,将政府采购带来的可观市场规模,有效转化为实实在在的实体投资收益率优势;还能借助高质量的财务信息,准确地将政府采购的金融支持效果反映出来,从而缓解企业与债权人的信息不对称问题,进而为企业带来更多融资机会,实现企业融资的良性循环。综上所述,对于内部控制越完善的企业,政府采购发挥影响力的渠道就越有效,相应地,对金融化的抑制作用也就越显著。

表 8-15　异质性检验

变量	政府采购时长		企业内部控制水平		市场关注力度	
	(1)	(2)	(3)	(4)	(5)	(6)
	偶发性采购	持续性采购	内部控制差	内部控制好	市场关注弱	市场关注强
$Cpro\_govt$	-0.044	-0.022*	-0.011	-0.045***	-0.051***	-0.007
	(-1.57)	(-1.84)	(-0.31)	(-2.98)	(-2.73)	(-0.52)
Controls	Yes	Yes	Yes	Yes	Yes	Yes
year	Yes	Yes	Yes	Yes	Yes	Yes
Industry	Yes	Yes	Yes	Yes	Yes	Yes
N	908	882	801	2748	1939	2193
R^2	0.303	0.260	0.225	0.200	0.231	0.204
经验 p 值	0.090*		0.050**		0.017**	

注：①经验 p 值用于检验组间政府采购变量 $Cpro\_govt$ 系数差异的显著性，通过 Bootstrap 自抽样 1000 次得到；②市场关注强弱仅列示了被分析师关注度衡量结果，被研报关注度结果类似。

三、基于市场关注程度的异质性检验

本部分对不同市场关注强度下，政府采购对企业金融化的影响进行了检验。本章采用被分析师关注度和被研报关注度两个变量衡量市场关注强度，相关数据来源于 CSMAR 数据库。具体的衡量方式为：分别依据一年内跟踪分析该上市公司的分析师（团队）或研报的数量进行衡量，关注度越高证明市场关注力度越大。具体操作时，按照被分析师关注度和被研报关注度的中位数，为界限，分为两组。结果表明，政府采购对市场关注较弱的企业，实际上发挥了更强的监督作用，也就越能抑制企业的金融化。其合理性在于，市场关注较强的企业，其投资经营行为更加公开透明且规范。在这种情况下，政府采购只是在外部监督比较完善的基础上，对企业施加一些边际影响，所以企业在投资经营方面的改进潜力相对较小。因此，相对市场关注较强的企业，政府采购对原本市场关注较弱的企业起到的改善作用更为显著，有效地弥补了市场治理在这些企业中存在的不足。

第七节　结论与政策启示

　　政府采购具备广泛的政策功能，逐渐成为常用的微观治理工具。企业过度金融化的"脱实向虚"问题，严重影响了经济高质量发展，依靠现有产业政策和市场力量难以有效解决。在此背景下，政府采购能否承载治理企业"脱实向虚"的政策功能，成为当前需要关注的重要问题。本章利用上市公司的前五大客户数据识别出政府大客户，系统检验了政府采购对企业金融化的影响及作用机制。结果表明，政府采购能够有效抑制企业金融化行为，推动企业聚焦实业发展。政府采购主要通过产品相对盈利、融资约束及稳定预期等机制实现对企业金融化的有效抑制。然而，政府采购在激励企业创新方面的效果并不显著，表明政府采购的职能发挥仍有改进空间。异质性分析发现，当政府采购持续性较强、企业内部控制完善以及市场关注较弱时，有助于抑制企业金融化，这表明政府采购能有效弥补市场不足并起到积极治理效能。本章研究成果丰富了政府市场化治理手段对企业微观治理效能影响的理论认识，有助于推动政府引导与市场配置的协同发展。

　　基于上述研究结论，本章的政策启示如下：首先，鉴于目前政府采购在振兴实体经济目标上的不明确、政策功能发挥不充分等问题，建议在政府采购需求标准中，明确嵌入支持实体企业高质量发展的具体政策要求。更有意识地发挥政府采购在防范"脱实向虚"、促进虚拟经济向实体经济理性回归的功能作用，摆脱企业对财政补贴等传统政府扶持手段的过度依赖。其次，从加强实施规范性、提高执行积极性和可操作性出发，确保政府采购促进创新的政策落地不走样。具体而言，严格执行公平审查制度，以提升政府采购透明度为重点，从信息公开、流程规范等方面完善公平公开竞争机制，为政策实施奠定良好基础；建立创新采购风险分担和容错机制，加强采购部门与创新部门的协同合作，明确创新采购失败的责任界定，消除采购部门顾虑；将创新采购业务流程最大限度标准化，提高政府采购促进技术创新的执行力。最后,将政府采购时长、企业特点和市场作用纳入政府采购预期政策效果的事先评估体系,确保政策实施的精准性,推进政府采购的精细化、差异化管理。可适度延长专注发展实业的企业政府采购时长,在选择采购对象时注重考察企业内部控制制度的建设情况,并考虑政府采购与市场作用的互补性,提升政府采购治理效能。

第九章

结论与政策建议

> 前面章节按照"为什么要政策协同、政策协同效果怎么样、如何利用政策协同规避企业策略行为"的逻辑思路组织了全文,该部分为了凸显研究结论,采用"先提出总体结论,再回顾所做的工作并给出解释,最后给出政策建议"的思路进行。

第一节 主要结论

区域政策协同的作用从理论梳理、实证检验和企业反馈来看,可以概括为"效果显著,还需探索"。

一、区域政策协同效应促进企业转型升级效果显著

1. 政策协同对企业的转型升级有现实意义和理论支撑

研究中经常假设各种工具之间是相互独立的,能够在实现政策目标或消除障碍方面相互补充。但实际上,政策组合会导致不同工具之间存在冲突抑或协同,使得政策效果"1+1>2"或"1+1<2"。第四章在界定区域政策协同内涵的基础上,从属地治理的局限性、建设统一大市场的必要性、协同治理探索的可借鉴性三个方面总结了区域政策协同对于企业转型升级的现实意义。最后,从三个维度分析了区域政策协同影响企业行为的理论基础:一是分析了央地纵向政策协同对企业行为的影响;二是分析了区域

间政府的策略互动、政策梯度形成机理，重点探讨了地方政府之间在引资政策与环境政策上的策略互动行为，着眼于政策梯度形成的机理进行剖析；三是分析了区域内政策协同碎片化问题，重点描述了"招商引资土政策阻碍环境执法"等顾此失彼式问题的表现形式与产生原因。通过以上系统梳理总结为未来研究奠定了坚实的理论基础。研究发现，由于企业转型升级涉及部门多、外部性强、策略性应对方案多，激励政策设计的理论和实践应落脚在地方政府之间的政策协同上，这种治理思路包容性强，缓解了科层制的弊端，使政府部门能从其控制之外的信息和资源中受益。

2. 政策协同治理对企业转型升级的直接作用得到了实证支持

第五章基于中国 2007—2016 年上市公司数据，从省内城际、城市群、省际三个维度度量了区域政策协同程度，以此为基础分析了政策协同治理对于企业转型升级的影响效应及其内在机制，主要考察区域间政策协同对企业转型升级的促进作用。研究发现，区域政策协同能够显著促进企业转型升级，区域政策协同程度越高，企业的全要素生产率越高；并且采用手工收集的政策协同数据进行验证后，结论稳健。机制分析表明，政策协同治理主要通过抑制污染企业异地转移、促进企业研发创新和数字化应用提升企业全要素生产率，但并未通过抑制企业金融化发挥作用。异质性分析发现，当企业内部控制水平越高、风险承担能力越强时，政策协同治理对企业全要素生产率的促进作用越显著。研究丰富了政策协同微观治理效能的文献，为找准区域联合促进企业转型升级的方向和实现高质量发展的制度建设提供了理论支撑。

二、区域政策协同效应的发挥需要更多、更深入的改革探索

1. 政策推动是驱动企业转型升级的重要动力，但政策推行方式需要改进

深入探索当下企业转型升级的驱动机制对于我国经济顺利度过转型期，进而实现高质量发展具有极为重要的意义。第二章在系统梳理企业转

型升级的概念界定与刻画后，绘制企业转型升级知识图谱，深入剖析了企业转型升级的驱动机制与面临的政策障碍，为后续章节的分析奠定理论基础，并提供现实依据。第三章以企业转型升级最重要的目标产业——战略性新兴产业为分析对象，主要关注政策号召、新兴企业能动性与社会福利需要是如何影响战略性新兴产业政策推进的，在中国情境下，从政策实施效果和企业实际响应等角度重新诠释了政府官员产业政策决策模型，系统考察了政府与企业之间的互动过程，揭示了产业政策内生决定过程，并利用地级市发布的新兴产业政策数量与战略性新兴产业上市公司两个层面的数据进行了实证检验。研究发现，战略性新兴产业的政策推进主要取决于政策号召、新兴企业社会资本影响以及社会福利需要；政府发布的新兴产业政策数量与新兴产业占经济规模的比重无关，而是依赖政绩压力传导产生的政策号召力；新兴产业的支持力度与政策数量无直接关系，与企业寻租支出呈正相关关系，当期政策数量增多会降低新兴产业支持力度与企业寻租支出之间的正向关联程度。这反映出在当前环境下产业政策的推进主要靠政策号召，新兴企业由于自身实力等原因，对地方的经济贡献难以依靠自身得以充分显现，这使得地方政府在推动产业发展方面内在激励不足。强力推行产业政策可能会加剧政企之间的双向寻租。因此，应当重新审视产业政策，改变政策推行方式，鼓励地方发挥自身优势推出特色产业，形成以企业自身发展为主、政策扶持为辅的良性发展模式。

2. 不同区域间环境政策差异引发企业异地转移的策略行为，环境治理垂直改革亟待推广，尤其是城市群的协同治理方面更需要加强

本书旨在研究环境规制区域差异如何影响企业转型升级选择。然而企业的转型升级常常比较隐蔽，很难从数据层面准确判断企业是进行了实质性的转型升级，还是仅做策略性的展示。因此，本书通过检验区域间政策不协同对企业策略行为的影响，反证区域间政策协同对企业策略行为的限制作用，从而倒逼企业转型升级。第六章选取企业转型升级的重点产业——重污染产业作为样本，基于重污染企业子公司数据，深入考察了环

境规制差异对企业空间迁移行为的影响。污染企业面临环境规制区域差异实际有两种选择，即就地转型或向外转移。重污染企业作为受环境规制约束最为严格的企业类型，有动机通过调整空间布局来规避环境规制带来的影响。考虑到企业资源具有有限性，向外转移势必会对企业转型升级产生一定影响。研究结果表明，属地环境规制加强促使重污染企业异地子公司数量显著增加、分布更加分散，并且母子公司之间的距离更远，这充分证实了重污染企业存在跨省污染转移的行为。此现象在国有和民营重污染企业中均有体现，且民营重污染企业迁移尺度更大。重污染企业通过在异地设立子公司，能够有效减轻环境规制对其利润产生的负向影响。通过对比重点控制和环保约谈两项协同治理政策效果的差异，我们发现静态差异化环境规制会诱发重污染企业迁移，因此应强化政策协同动态机制。

3. 区域内环境政策与土地招商政策的不匹配会导致污染企业出现跨区域污染问题，部门利益协调机制需调整

污染源跨区域转移是深入推进污染防治攻坚战的重大阻碍，对其进行治理需要政策间的协同配合。地方政府通过土地优惠政策进行招商引资的现象较为普遍，引发了土地错配后果的诸多讨论，但是否导致了污染源跨区域转移尚缺乏微观数据层面的实证支撑。第七章运用重污染上市公司异地建立子公司的微观数据检验了土地招商竞争对重污染企业迁移策略的影响。研究发现，地方政府土地出让价格相对越低，就越能吸引重污染企业异地迁入；土地管制越宽松，重污染企业越不会向异地迁出。这表明，土地招商竞争导致污染源呈现"存量不减、增量增加"的态势。当母公司处于东部地区且市场势力较强、具备良好的盈利能力或融资能力时，土地招商竞争更易于促进企业的异地迁移；地方政府对土地出让价格进行调整，会借助降低重污染企业融资难度、营业总成本、扩大高管权力等中介机制，吸引重污染企业异地迁移。最后，通过运用土地储备制度和土地保障政策两种具有不同导向的土地招商政策，验证了土地招商竞争对治污效果所产生的负面效应。本章为避免政策碎片化给治污效果带来的负面影响，以及强化环境规制与土地招商政策之间的协同配合，提供了实证参考

依据。

4. 为了抑制企业金融化而不是转型升级的策略行为，需要借助其他政策工具的配合

第五章的实证检验表明，政策协同在促进企业转型升级时，无法直接干预对企业金融化的策略行为，因此，需要借助其他政策工具的配合，才能有效实现企业转型升级目标。在众多的政策工具中，政府采购作为政府运用市场机制与企业建立经济联系的手段，承担着广泛的政策功能，其庞大规模奠定了强大的影响力。已有研究证实了政府采购对企业转型升级的促进效应，但政府采购能否承载治理"脱实向虚"的政策功能尚未得到充分探究。第八章基于2008—2018年上市公司数据，检验了政府采购对企业金融化的影响及其机制，并考察了不同政府采购订单特征和企业特征的异质性。研究发现，政府采购显著抑制了企业金融化程度，促进了企业专注于实业发展；当政府采购订单持续性强、企业风险承担能力高以及市场监督弱时，政府采购对企业金融化抑制效应更为显著，有效弥补了市场治理的不足，并兼顾了小微企业的预防性储备需求；政府采购主要通过提高产品销量、缓解融资约束和稳定预期来抑制企业的金融化程度，但并未通过提升产品质量施加影响，政府采购嵌入的创新促进政策功能有待进一步加强。未来，可配合运用政府采购的微观治理政策功能，防范企业在转型过程中出现的金融化策略行为。

第二节　政策建议

政策之间的不协调、碎片化甚至前后矛盾，会导致政策执行者和承受者无所适从，致使政策无法达成预期目标。只有重视和做好政策的整体配套与系统设计，确保政策之间逻辑自洽、相互协同，才能最大限度地发挥政策的最大合力。基于此，依据本章研究结论，应从政策协同视角来推进企业转型升级，具体政策建议如下。

一、提高区域间政策协同度，推动以技术创新为核心的企业转型升级

第一，持续推动区域一体化发展。区域一体化程度的提升能够打破原有的行政壁垒，促使要素在区域内实现全方位流通，使区域内分工协作更加明晰，进而促进企业转型升级以及区域内以技术创新为核心的产业升级。这里的一体化是存在差异的一体化，是高质量统一有序的一体化，在推进区域协同发展的过程中确实存在一定难度。长三角是我国一体化程度较高的地区之一，发展态势强劲，资本人文汇集于此。长三角原有城市以及新加入城市之间相互协同发展，实现资源互通、优势互补，积极推进长三角合作示范区建设，深入推进长三角各省市之间的合作，使合作实现常态化。在发挥其优势的基础上，共同探索可投资的领域和行业，完善成本、利益等分配机制。在组织和制度层面，建立企业转型升级视角下的区域环境政策协同治理机制。在组织层面，设立由上级政府牵头的区域环境政策协调机构。在制度层面，建立高层领导对接制度，增进政府之间的交流互动，进而推动各地企业转型升级，实现经济的高质量增长。

第二，建立区域间环境治理协同立法机制，提升协同治理层级。环境问题具有显著的区域化特征，需通过立法手段加以应对；各地立法存在的差异，也在制度规范层面制约着区域环境的协同治理。协同立法可以统一区域内的环境执法裁量权，遏制污染企业监管套利的动机。因此，推进区域协同立法是推动污染企业转型升级、促进经济高质量发展的重要保障。同时，建立标准统一的区域环境监测体系，将各地区纳入区域环境监控网络，实现环境监控信息共享，能够遏制企业"游击化"的应对行为，为企业就地升级营造良好的外部环境，进而推动企业高质量发展。

第三，建立区域联合惩戒机制，实现企业信用、环保信息数据区域乃至全国的互联互通。各地环境部门依托区域企业环境信用系统，公示辖区内企业的环境信用信息以及排放超标、非法排污等失信企业名单。在政府采购、扶持补贴、市场准入等方面对失信企业实施联合惩戒，使其"一处违法，处处受限"，倒逼企业在环境政策协同治理的背景下，将技术革新

作为发展方向,从而推动企业转型升级。

二、深化环境治理区域协同,通过抑制污染转移间接促进企业转型升级

第一,在治理污染转移的整体思路方面,加大环境规制政策协同的范围与力度,完善联防联控的制度建设,探索更多具有约束力的"共担共治共享"协同合作机制。

本书研究发现,在现行属地管理的环境规制政策下,企业存在跨区域污染的策略性行为,而跨区域协同联动是防范这种现象的有效应对方式。事实上,我国部分区域进行了联防联控政策的探索,例如,京津冀地区的大气污染联防联控框架机制。但目前该政策的实施范围局限于经济发达地区,如长江经济带、珠江经济带的部分地区性合作,且大多数措施仍属于类似"APEC蓝"这种治标不治本的短期应急防控手段,合作深度仅停留在监测、通报等技术层面的协商,权威性和实际约束力较弱。因此,应从国家统筹角度制定联合治理规划,明确联合治理主体,增强协同治理的约束力,并建立支持区域联防联控行动持续开展的配套保障机制。在实践中,2021年,鲁豫两地签订的黄河流域首个省际生态补偿协议就为两地跨区域协同治理提供了约束力保障,压上财政资金和政府信誉的有成本的"对赌",体现了实实在在的约束力,其值得借鉴的思路。

第二,在政策着力点的选择上,应将加强环境规制政策实施的刚性约束与扶助污染企业的转型相结合,做到堵疏相济,以此提升环境规制的有效性。

本书研究发现,企业转移的背后存在利润激励,污染迁移主要属于成本导向型迁移。因此,应把政策着力点放在影响企业成本上。一方面,强化环境规制政策的执行力度,以此抬高企业迁移成本。特别是对于原先环境规制较为宽松的地区,更要格外加大环保执行力度,对迁入企业的污染程度进行严格审核,守好污染转移的防线,打消企业污染转移获取利润的预期,杜绝污染增量的产生,从源头上摆脱先污染、后治理的状况。另一方面,助力重污染企业降低转型升级成本,治理污染存量。只有先打通转

型升级的出路，才能有效阻断污染转移的退路。

第三，在政策工具的选择上，应更多地采用动态协同环境规制政策，充分发挥政策的震慑效应，破解环境规制的"囚徒困境"。

本书结论表明，静态环境规制政策如划定重点控制区域等方式，为企业污染转移获利创造了空间，致使污染向非重点控制区域转移，这种不对称的政策削弱了治理污染的有效性。而环保约谈这类动态协同环境规制政策，能够传递中央治理污染的坚定意志和决心，对约谈区域和非约谈区域均具有显著的震慑作用，打破了区域间环境规制"逐底竞争"的"囚徒困境"，切实增强了政策的有效性。因此，应慎重实施静态协同环境政策工具，更多地采用动态协同环境规制政策，并积极推进这类政策工具实现制度化、常态化。

三、强化区域内环境规制与招商政策之间的协同，发挥政策合力

第一，环境规制的本意在于倒逼重污染企业清洁化转型，但各级政府间相互竞争的土地招商政策，加之企业自身的策略性行为，诱发了重污染企业的异地迁移。

本书研究发现，土地储备和土地保障这两种不同趋向的土地招商政策，对重污染企业异地迁移的影响十分显著。因此，各级地方政府应当在土地招商政策制定过程中找准合适着力点，积极引入清洁型企业，并借助政策引导企业采用绿色技术开展生产，从而在经济发展和环境规制之间实现动态平衡，缓解环境治理压力。

第二，充分发挥土地市场交易的积极作用，强化对政府土地出让权力的制约与监督。

政府应朝着市场化方向完善土地出让制度，使其与市场化的招标、拍卖、挂牌方式相适配，推动土地资源配置实现从政府主导向市场主导的转变，优化土地出让结构，构建工业用地出让价格的市场机制，减少地方政府对土地出让的不当干预。此外，土地招商资本流入存在合意区间，资本流入虽在一定程度上补充内部发展所需资金，但在利用资本流入带来好处的同

时，也面临资本突停风险，这不利于新兴经济体的健康发展（马宇，2023）。

第三，政府应减少对企业融资的不当干预，充分发挥市场机制的调节作用。

地方政府掌握资源配置权的融资机制，容易异化为吸引重污染企业的工具。因此，应强化市场机制对金融资源配置效率的促进作用；持续推进信贷公平公正化，消除对民营企业和中小企业的信贷歧视，降低重污染企业的融资受限程度。

四、重视产业政策与政府采购等政策工具的配合，振兴实体经济

第一，政府采购在促进实体经济与虚拟经济协调发展方面发挥了积极的政策效应。应重视政府采购对企业金融化治理的微观效应，推动在政府采购需求标准中嵌入支持实体企业高质量发展等政策要求，从而更灵活、更充分地发挥政府采购的功能和作用。

第二，进一步发挥政府采购为实体企业带来的销量增加、金融支持和稳定预期效应，同时为引领科技创新创造更有利条件。本书研究发现，政府采购能够通过提高产品销量、缓解融资约束和降低企业不确定性感知等路径抑制企业金融化，但并未通过提升产品质量施加影响。应继续强化前三个渠道的作用，同时要求政府严格执行公平审查制度、进一步提升政府采购透明度，建立健全公平公开竞争机制。可采取数字化措施和在线购买来简化、规范采购流程，努力发挥政府采购的质量提升效应，更有效地推动企业脱虚向实发展。

第三，鼓励推行差异化治理模式，探索建立与行业特点、企业特征相匹配的政府采购分类政策组合，推动政府采购向精细化、高效化方向发展。由于订单特征和企业特征存在差异，政府采购对企业金融化的影响效果也各不相同。应重视企业间的差异，在保持国内外公平竞争环境的前提下，针对不同特征企业实施差异化治理，实现政府与市场作用的互补，兼顾小微企业的承受能力，避免"一刀切"的政策。例如，对风险承担能力较弱的行业，可提高技术创新在采购选择中的比重，同时适当延长订单持续时长。

参考文献

[1] TICHY N M. Managing strategic change: Technical, political, and cultural dynamics[M]. Hoboken John Wiley & Sons, 1983.

[2] 孔伟杰. 制造业企业转型升级影响因素研究：基于浙江省制造业企业大样本问卷调查的实证研究[J]. 管理世界, 2012(9)：120-131.

[3] 程虹, 刘三江, 罗连发. 中国企业转型升级的基本状况与路径选择：基于570家企业4794名员工入企调查数据的分析[J]. 管理世界, 2016(2)：57-70.

[4] 贺小刚, 朱丽娜, 杨婵, 等. 经营困境下的企业变革："穷则思变"假说检验[J]. 中国工业经济, 2017(1)：135-154.

[5] 才国伟, 邵志浩, 刘剑雄. 组织管理结构、政府公共服务与民营企业转型升级[J]. 财贸经济, 2015(4)：46-59.

[6] MICHAEL P. America's green strategy[J]. Scientific American, 1991(264)：168.

[7] 涂正革, 谌仁俊. 排污权交易机制在中国能否实现波特效应？[J]. 经济研究, 2015(7)：160-173.

[8] VAN DIJK J, PELLENBARG P H. Firm relocation decisions in the netherlands: An ordered logit approach[J]. Papers in regional science, 2000, 79(2)：191-219.

[9] DEVEREUX M P, GRIFFITH R, SIMPSON H. Firm location decisions, regional grants and agglomeration externalities[J]. Journal of public economics, 2007, 91(3-4)：413-435.

[10] 刘志彪, 陈柳. 政策标准、路径与措施：经济转型升级的进一步

思考[J]. 南京大学学报(哲学·人文科学·社会科学), 2014, 51(5): 48-56.

[11] MEIJERS E, STEAD D. Policy integration: What does it mean and how can it be achieved? A multi-disciplinary review: Berlin Conference on the Human Dimensions of Global Environmental Change: Greening of Policies-Interlinkages and Policy Integration. Berlin[C]. 2004.

[12] BAKVIS H, BROWN D. Policy coordination in federal systems: Comparing intergovernmental processes and outcomes in Canada and the United States[J]. Publius: The journal of federalism, 2010, 40(3): 484-507.

[13] KIM Y. International policy coordination mechanism with respect to the moral hazards of financial intermediaries[J]. Economic modelling, 2011, 28(4): 1914-1922.

[14] MATEI A, DOGARU T. Coordination of public policies in Romania. An empirical analysis[J]. Procedia-social and behavioral sciences, 2013(81): 65-71.

[15] 周志忍, 蒋敏娟. 中国政府跨部门协同机制探析: 一个叙事与诊断框架[J]. 公共行政评论, 2013, 6(1): 91-117.

[16] 周志忍, 蒋敏娟. 整体政府下的政策协同: 理论与发达国家的当代实践[J]. 国家行政学院学报, 2010(6): 28-33.

[17] 刘力, 白渭淋. 区域经济一体化与行政区经济的空间效应研究: 基于"泛珠三角"区域合作与广东"双转移"的政策协同效应[J]. 经济地理, 2010, 30(11): 1773-1778.

[18] 朱光喜. 政策协同: 功能、类型与途径: 基于文献的分析[J]. 广东行政学院学报, 2015, 27(4): 20-26.

[19] 周黎安. 晋升博弈中政府官员的激励与合作: 兼论我国地方保护主义和重复建设问题长期存在的原因[J]. 经济研究, 2004(6): 33-40.

[20] 杨其静, 卓品, 杨继东. 工业用地出让与引资质量底线竞争: 基于2007—2011年中国地级市面板数据的经验研究[J]. 管理世界, 2014(11): 24-34.

[21]张华. 地区间环境规制的策略互动研究:对环境规制非完全执行普遍性的解释[J]. 中国工业经济,2016(7):74-90.

[22]罗云辉. 地区间招商引资优惠政策竞争与先发优势:基于声誉模型的解释[J]. 经济科学,2009(5):96-106.

[23]唐飞鹏. 省际财政竞争、政府治理能力与企业迁移[J]. 世界经济,2016(10):53-77.

[24]彭纪生,仲为国,孙文祥. 政策测量、政策协同演变与经济绩效:基于创新政策的实证研究[J]. 管理世界,2008(9):25-36.

[25]仲为国,彭纪生,孙文祥. 政策测量、政策协同与技术绩效:基于中国创新政策的实证研究(1978—2006)[J]. 科学学与科学技术管理,2009,30(3):54-60.

[26]张国兴,高秀林,汪应洛,等. 我国节能减排政策协同的有效性研究:1997—2011[J]. 管理评论,2015,27(12):3-17.

[27]韩超,孙晓琳,肖兴志. 产业政策实施下的补贴与投资行为:不同类型政策是否存在影响差异?[J]. 经济科学,2016(4):30-42.

[28]GROSSMAN G M, HELPMAN E. Protection for sale[J]. American economic review,1994,84(4):833-850.

[29]王孝松,李坤望,谢申祥. 贸易政策是如何制定的:包含政治捐资、竞选支持与权力委派的内生保护模型[J]. 世界经济,2011(10):107-126.

[30]吴家曦,李华燊. 浙江省中小企业转型升级调查报告[J]. 管理世界,2009(8):1-5.

[31]GEREFFI G. International trade and industrial upgrading in the apparel commodity chain[J]. Journal of international economics,1999(48):37-70.

[32]金碚. 中国工业的转型升级[J]. 中国工业经济,2011(7):5-14.

[33]中国社会科学院工业经济研究所课题组,李平. 中国工业绿色转型研究[J]. 中国工业经济,2011(4):5-14.

[34]万攀兵,杨冕,陈林. 环境技术标准何以影响中国制造业绿色转

型：基于技术改造的视角[J]. 中国工业经济，2021(9)：118-136.

[35] 许正. 构建中国企业的转型模式[J]. 管理学报，2010，7(11)：1632-1636.

[36] BIBEAULT D B. Corporate turnaround：How managers turn losers into winners![M]. London：Beard Books，1998.

[37] 吕鹏，黄送钦. 环境规制压力会促进企业转型升级吗[J]. 南开管理评论，2021，24(4)：116-129.

[38] 黄纪强. 税负降低如何助力企业绿色转型升级：基于重污染行业的实证研究[J]. 当代经济管理，2022，44(1)：90-96.

[39] 钞小静，薛志欣. 新型信息基础设施对中国企业升级的影响[J]. 当代财经，2022(1)：16-28.

[40] 张杰，刘志彪，郑江淮. 中国制造业企业创新活动的关键影响因素研究：基于江苏省制造业企业问卷的分析[J]. 管理世界，2007(6)：64-74.

[41] 尚涛，陶建宏. 全球价值链中代工企业转型盲区、知识搜寻与升级机制研究[J]. 科技进步与对策，2018，35(7)：141-147.

[42] GEREFFI G. International trade and industrial upgrading in the apparel commodity chain[J]. Journal of international economics，1999，48(1)：37-70.

[43] 赵昌文，许召元. 国际金融危机以来中国企业转型升级的调查研究[J]. 管理世界，2013(4)：8-15.

[44] POON T S. Beyond the global production networks：A case of further upgrading of Taiwan's information technology industry[J]. International journal of technology and globalisation，2004，1(1)：130-144.

[45] 任胜钢，郑晶晶，刘东华，等. 排污权交易机制是否提高了企业全要素生产率：来自中国上市公司的证据[J]. 中国工业经济，2019(5)：5-23.

[46] 李永友，严岑. 服务业"营改增"能带动制造业升级吗？[J]. 经济研究，2018，53(4)：18-31.

[47] 鲁晓东，连玉君. 中国工业企业全要素生产率估计：1999—2007

[J]. 经济学(季刊),2012,11(2):541-558.

[48]王一鸣,李爽,曾智泽."十一五"时期促进经济社会协调发展的对策建议[J]. 宏观经济研究,2005(12):21-25.

[49]翁春颖,韩明华. 全球价值链驱动、知识转移与我国制造业升级[J]. 管理学报,2015,12(4):517-521.

[50]毛蕴诗,刘富先. 双元网络嵌入、组织学习与企业升级[J]. 东南大学学报(哲学社会科学版),2019,21(1):54-65.

[51]余东华,崔岩. 双重环境规制、技术创新与制造业转型升级[J]. 财贸研究,2019,30(7):15-24.

[52]张璠,王竹泉,于小悦. 政府扶持与民营中小企业"专精特新"转型:来自省级政策文本量化的经验证据[J]. 财经科学,2022(1):116-132.

[53]王锋正,刘宇嘉,孙玥. 制度环境、开放式创新与资源型企业转型[J]. 科技进步与对策,2020,37(5):114-123.

[54]陈玥卓,刘冲,侯思捷. 税收红利如何赋能"中国智造"?[J]. 经济评论,2021(4):42-58.

[55]邓少军,芮明杰. 高层管理者认知与企业双元能力构建:基于浙江金信公司战略转型的案例研究[J]. 中国工业经济,2013(11):135-147.

[56]章文光,李金东. 政府在产业转型升级中的作用范围分析[J]. 中国行政管理,2017(8):18-24.

[57]吴建祖,王蓉娟. 环保约谈提高地方政府环境治理效率了吗:基于双重差分方法的实证分析[J]. 公共管理学报,2019(1):54-65.

[58]王伊攀,何圆. 环境规制、重污染企业迁移与协同治理效果:基于异地设立子公司的经验证据[J]. 经济科学,2021(5):130-145.

[59]杨继东,杨其静. 保增长压力、刺激计划与工业用地出让[J]. 经济研究,2016,51(1):99-113.

[60]陶然,陆曦,苏福兵,等. 地区竞争格局演变下的中国转轨:财政激励和发展模式反思[J]. 经济研究,2009,44(7):21-33.

[61]刘佳,吴建南,马亮. 地方政府官员晋升与土地财政:基于中国地市级面板数据的实证分析[J]. 公共管理学报,2012,9(2):11-23.

[62]张莉,高元骅,徐现祥.政企合谋下的土地出让[J].管理世界,2013(12):43-51.

[63]郭贯成,汪勋杰.地方政府土地财政的动机、能力、约束与效应:一个分析框架[J].当代财经,2013(11):25-35.

[64]罗必良.农村土地制度:变革历程与创新意义[J].南方经济,2008(11):3-12.

[65]孙秀林,周飞舟.土地财政与分税制:一个实证解释[J].中国社会科学,2013(4):40-59.

[66]黄金升,陈利根,赵爱栋.工业地价上涨、地方政府供地行为与产业转移[J].上海财经大学学报,2017,19(5):4-14.

[67]陆国庆,王舟,张春宇.中国战略性新兴产业政府创新补贴的绩效研究[J].经济研究,2014(7):44-55.

[68]肖兴志,王伊攀.战略性新兴产业政府补贴是否用在了"刀刃"上:基于254家上市公司的数据[J].经济管理,2014(4):19-31.

[69]余东华,吕逸楠.政府不当干预与战略性新兴产业产能过剩:以中国光伏产业为例[J].中国工业经济,2015(10):53-68.

[70]王海,许冠南.政策协同、官员更替与企业创新:来自战略性新兴产业政策文本的经验证据[J].财经问题研究,2017(1):33-40.

[71]韩超,孙晓琳,肖兴志.产业政策实施下的补贴与投资行为:不同类型政策是否存在影响差异?[J].经济科学,2016(4):30-42.

[72]耿曙,陈玮.政企关系、双向寻租与中国的外资奇迹[J].社会学研究,2015(5):141-163.

[73]徐业坤,李维安.政绩推动、政治关联与民营企业投资扩张[J].经济理论与经济管理,2016(5):5-22.

[74]金太军,袁建军.政府与企业的交换模式及其演变规律:观察腐败深层机制的微观视角[J].中国社会科学,2011(1):102-118.

[75]万华林,陈信元.治理环境、企业寻租与交易成本:基于中国上市公司非生产性支出的经验证据[J].经济学(季刊),2010,9(1):553-570.

[76]WANG Y, YOU J. Corruption and firm growth: Evidence from China

[J]. China economic review, 2012, 23(2): 415-433.

[77]黎文靖,程敏英,黄琼宇. 地方政府竞争、企业上市方式与政企间利益输送:来自中国家族企业上市公司的经验证据[J]. 财经研究, 2012(9): 27-36.

[78]李四海,陆琪睿,宋献中. 亏损企业慷慨捐赠的背后[J]. 中国工业经济, 2012(8): 148-160.

[79]黄冬娅. 企业家如何影响地方政策过程:基于国家中心的案例分析和类型建构[J]. 社会学研究, 2013(5): 172-196.

[80]钱先航,曹廷求,李维安. 晋升压力、官员任期与城市商业银行的贷款行为[J]. 经济研究, 2011(12): 72-85.

[81]于津平,吴小康. 战略性新兴产业发展中的区域竞争与地方政府补贴[J]. 经济理论与经济管理, 2016(3): 101-112.

[82]李郇,洪国志,黄亮雄. 中国土地财政增长之谜:分税制改革、土地财政增长的策略性[J]. 经济学(季刊), 2013, 12(4): 1141-1160.

[83]李胜会,刘金英. 中国战略性新兴产业政策分析与绩效评价:"非政策失败理论"及实证研究[J]. 宏观经济研究, 2015(10): 3-13.

[84]田培杰. 协同治理概念考辨[J]. 上海大学学报(社会科学版), 2014, 31(1): 124-140.

[85]BURGESS P M. Capacity building and the elements of public management[J]. Public administration review, 1975(35): 705-716.

[86]申剑敏,朱春奎. 跨域治理的概念谱系与研究模型[J]. 北京行政学院学报, 2015(4): 38-43.

[87]LEE K, LEUNG J Y, PINEDO M L. Coordination mechanisms with hybrid local policies[J]. Discrete optimization, 2011, 8(4): 513-524.

[88]CARLEY S. Decarbonization of the U.S. electricity sector: Are state energy policy portfolios the solution? [J]. Energy economics, 2011, 33(5): 1004-1023.

[89]CAMARERO M, TAMARIT C. A rationale for macroeconomic policy coordination: Evidence based on the Spanish peseta[J]. European journal of po-

litical economy, 1995, 11(1): 65-82.

[90] Rogers D L, Whetten D A, and Associates. Interorganizational Coordination: Theory, Research, and Implementation[M]. Ames, Iowa: Iowa State University Press. 1982.

[91] MULFORD C L, ROGERS D L. Definitions and models[J]. Interorganizational coordination: Theory, research and implementation, 1982: 9-31.

[92] BURNS J P. Horizontal government: Policy coordination in China: International Conference on Governance in Asia: Culture, Ethics, Institutional Reform and Policy Change, City University of Hong Kong, Hong Kong[C]. 2002.

[93] PETERS B G. Managing horizontal government[J]. Public administration, 1998, 76(2): 295-311.

[94] METCALFE L. International policy co-ordination and public management reform[J]. International review of administrative sciences, 1994, 60(2): 271-290.

[95] 魏娜, 孟庆国. 大气污染跨域协同治理的机制考察与制度逻辑: 基于京津冀的协同实践[J]. 中国软科学, 2018(10): 79-92.

[96] 黄萃, 任弢, 李江, 等. 责任与利益: 基于政策文献量化分析的中国科技创新政策府际合作关系演进研究[J]. 管理世界, 2015(12): 68-81.

[97] ZHANG L, QIN Q, WEI Y. China's distributed energy policies: Evolution, instruments and recommendation[J]. Energy policy, 2019(125): 55-64.

[98] 罗富政, 罗能生. 中国省际政治协同的测度及其对区域经济增长的影响[J]. 经济地理, 2016, 36(8): 8-15.

[99] 周小刚, 陈东有, 叶裕民, 等. 中国一元化户籍改革的社会政策协同机制研究[J]. 人口与经济, 2010(4): 1-5.

[100] 阳镇, 陈劲, 凌鸿程. 相信协同的力量: 央—地产业政策协同性与企业创新[J]. 经济评论, 2021(2): 3-22.

[101] 胡志明, 马辉民, 张金隆, 等. 中国制造业转型升级政策的纵向协同性分析[J]. 科学学研究, 2022, 40(2): 237-246.

[102]王延杰.京津冀治理大气污染的财政金融政策协同配合[J].经济与管理,2015,29(1):13-18.

[103]谢宝剑,陈瑞莲.国家治理视野下的大气污染区域联动防治体系研究:以京津冀为例[J].中国行政管理,2014(9):6-10.

[104]仲为国,彭纪生,孙文祥.政策测量、政策协同与经济绩效:基于创新政策的实证研究(1978—2006)[J].南方经济,2008(7):45-58.

[105]彭纪生,仲为国,孙文祥.政策测量、政策协同演变与经济绩效:基于创新政策的实证研究[J].管理世界,2008(9):25-36.

[106]仲为国,彭纪生,孙文祥.政策测量、政策协同与技术绩效:基于中国创新政策的实证研究(1978—2006)[J].科学学与科学技术管理,2009,30(3):54-60.

[107]张国兴,高秀林,汪应洛,等.中国节能减排政策的测量、协同与演变:基于1978—2013年政策数据的研究[J].中国人口·资源与环境,2014,24(12):62-73.

[108]张国兴,张振华,管欣,等.我国节能减排政策的措施与目标协同有效吗:基于1052条节能减排政策的研究[J].管理科学学报,2017,20(3):162-182.

[109]李伟红,柴亮.区域创新政策工具的互补性测度与实证检验[J].财经科学,2014(4):100-107.

[110]OATES W E. An essay on fiscal federalism[J]. Journal of economic literature,1999,37(3):1120-1149.

[111]龚宏龄,吕普生.环境执法权为何"逆流而上":基于环保案例的质性分析[J].中国行政管理,2021(10):97-105.

[112]袁凯华,李后建,林章悦.约束性考核促进了官员的减排激励吗[J].当代经济科学,2014,36(6):1-10.

[113]高明,郭施宏,夏玲玲.大气污染府际间合作治理联盟的达成与稳定:基于演化博弈分析[J].中国管理科学,2016,24(8):62-70.

[114]CAI H, CHEN Y, GONG Q. Polluting thy neighbor: Unintended consequences of China's pollution reduction mandates[J]. Journal of environmental

economics and management,2016,76(Supplement C):86-104.

[115]KAHN M E,LI P,ZHAO D.Water pollution progress at borders:The role of changes in China's political promotion incentives[J].American economic journal:Economic policy,2015,7(4):223-242.

[116]CHEN Z,KAHN M E,LIU Y,et al.The consequences of spatially differentiated water pollution regulation in China[J].Journal of environmental economics and management,2018(88):468-485.

[117]周浩,郑越.环境规制对产业转移的影响:来自新建制造业企业选址的证据[J].南方经济,2015(4):12-26.

[118]BECKER R,HENDERSON V.Effects of air quality regulations on polluting industries[J].Journal of political economy,2000,108(2):379-421.

[119]胡志高,李光勤,曹建华.环境规制视角下的区域大气污染联合治理:分区方案设计、协同状态评价及影响因素分析[J].中国工业经济,2019(5):24-42.

[120]温雪梅.制度安排与关系网络:理解区域环境府际协作治理的一个分析框架[J].公共管理与政策评论,2020,9(4):40-51.

[121]王班班,莫琼辉,钱浩祺.地方环境政策创新的扩散模式与实施效果:基于河长制政策扩散的微观实证[J].中国工业经济,2020(8):99-117.

[122]刘志伟.新中国70年经济管理权纵向划分的实践与逻辑[J].经济体制改革,2021(1):5-11.

[123]姚东旻,张诗琪.如何最优地"放权":行政事项集权与分权的最优边界[J].财经研究,2017,43(4):41-54.

[124]QIAN Y,WEINGAST B R.Federalism as a commitment to reserving market incentives[J].Journal of economic perspectives,1997,11(4):83-92.

[125]贺颖,吕冰洋.行政性分权与地区市场分割:基于地级市的研究[J].经济学报,2019,6(4):127-157.

[126]郁建兴,高翔.地方发展型政府的行为逻辑及制度基础[J].中国社会科学,2012(5):95-112.

[127]顾昕.协作治理与发展主义:产业政策中的国家、市场与社会[J].学习与探索,2017(10):86-95.

[128]LI H, ZHOU L. Political turnover and economic performance: The incentive role of personnel control in China[J]. Journal of public economics, 2005, 89(9): 1743-1762.

[129]姜流,杨龙.制度性集体行动理论研究[J].内蒙古大学学报(哲学社会科学版),2018,50(4):96-104.

[130]DEL RIO P. On evaluating success in complex policy mixes: The case of renewable energy support schemes[J]. Policy sciences, 2014, 47(3): 267-287.

[131]韩超,孙晓琳,李静.环境规制垂直管理改革的减排效应:来自地级市环保系统改革的证据[J].经济学(季刊),2021,21(1):335-360.

[132]黄睿.基于地方政府间竞争的区域经济发展研究:以成都、西安地方政府间竞争为例[D].西安:西安理工大学马克思主义学院,2009.

[133]张振波.从逐底竞争到策略性模仿:绩效考核生态化如何影响地方政府环境治理的竞争策略?[J].公共行政评论,2020,13(6):114-131.

[134]WU H, GUO H, ZHANG B, et al. Westward movement of new polluting firms in China: Pollution reduction mandates and location choice[J]. Journal of comparative economics, 2017, 45(1): 119-138.

[135]包群,邵敏,杨大利.环境管制抑制了污染排放吗?[J].经济研究,2013(12):42-54.

[136]席鹏辉.财政激励、环境偏好与垂直式环境管理:纳税大户议价能力的视角[J].中国工业经济,2017(11):100-117.

[137]沈坤荣,金刚,方娴.环境规制引起了污染就近转移吗?[J].经济研究,2017(5):44-59.

[138]金刚,沈坤荣.以邻为壑还是以邻为伴:环境规制执行互动与城市生产率增长[J].管理世界,2018,34(12):43-55.

[139]李景海.智能制造转型的产业政策选择[J].财经科学,2019

(3): 119-132.

[140] 李振洋,白雪洁. 产业政策如何促进制造业绿色全要素生产率提升:基于鼓励型政策和限制型政策协同的视角[J]. 产业经济研究,2020(6):28-42.

[141] 李青原,肖泽华. 异质性环境规制工具与企业绿色创新激励:来自上市企业绿色专利的证据[J]. 经济研究,2020,55(9):192-208.

[142] 王可,李连燕. "互联网+"对中国制造业发展影响的实证研究[J]. 数量经济技术经济研究,2018,35(6):3-20.

[143] 王伊攀,朱晓满. 政府采购对企业"脱实向虚"的治理效应研究[J]. 财政研究,2022(1):94-109.

[144] 张国清,赵景文,田五星. 内控质量与公司绩效:基于内部代理和信号传递理论的视角[J]. 世界经济,2015,38(1):126-153.

[145] 张龙平,王军只,张军. 内部控制鉴证对会计盈余质量的影响研究:基于沪市A股公司的经验证据[J]. 审计研究,2010(2):83-90.

[146] 方红星,金玉娜. 公司治理、内部控制与非效率投资:理论分析与经验证据[J]. 会计研究,2013(7):63-69.

[147] 林钟高,丁茂桓. 内部控制缺陷及其修复对企业债务融资成本的影响:基于内部控制监管制度变迁视角的实证研究[J]. 会计研究,2017(4):73-80.

[148] 罗知,齐博成. 环境规制的产业转移升级效应与银行协同发展效应:来自长江流域水污染治理的证据[J]. 经济研究,2021,56(2):174-189.

[149] 沈坤荣,周力. 地方政府竞争、垂直型环境规制与污染回流效应[J]. 经济研究,2020,55(3):35-49.

[150] 沈悦,任一鑫. 环境规制、省际产业转移对污染迁移的空间溢出效应[J]. 中国人口·资源与环境,2021,31(2):52-60.

[151] 石庆玲,陈诗一,郭峰. 环保部约谈与环境治理:以空气污染为例[J]. 统计研究,2017,34(10):88-97.

[152] 沈洪涛,周艳坤. 环境执法监督与企业环境绩效:来自环保约

谈的准自然实验证据[J].南开管理评论,2017(6):73-82.

[153]ZHANG B, CHEN X, GUO H. Does central supervision enhance local environmental enforcement? Quasi-experimental evidence from China[J]. Journal of public economics,2018(164):70-90.

[154]曹春方,周大伟,吴澄澄,等.市场分割与异地子公司分布[J].管理世界,2015(9):92-103.

[155]曹春方,贾凡胜.异地商会与企业跨地区发展[J].经济研究,2020,55(4):150-166.

[156]潘爱玲,刘昕,邱金龙,等.媒体压力下的绿色并购能否促使重污染企业实现实质性转型[J].中国工业经济,2019(2):174-192.

[157]胡安俊,孙久文.中国制造业转移的机制、次序与空间模式[J].经济学(季刊),2014(4):1533-1556.

[158]周浩,余壮雄,杨铮.可达性、集聚和新建企业选址:来自中国制造业的微观证据[J].经济学(季刊),2015(4):1393-1416.

[159]KATHURIA V. Informal regulation of pollution in a developing country: Evidence from India[J]. Ecological economics,2007,63(2-3):403-417.

[160]徐志伟,殷晓蕴,王晓晨.污染企业选址与存续[J].世界经济,2020,43(7):122-145.

[161]BRUNNERMEIER S B, COHEN M A. Determinants of environmental innovation in US manufacturing industries[J]. Journal of environmental economics and management,2003,45(2):278-293.

[162]魏下海,郭凯明,吴春秀.数字技术、用工成本与企业搬迁选择[J].中国人口科学,2021(1):104-116.

[163]饶品贵,王得力,李晓溪.高铁开通与供应商分布决策[J].中国工业经济,2019(10):137-154.

[164]田文佳,张庆华,龚六堂.土地引资促进地区工业发展了吗:基于土地、企业匹配数据的研究[J].经济学(季刊),2020,19(1):33-60.

[165]谢珺,林小冲.空气污染对污染企业投资行为的影响研究——

基于"悲观预期"的视角[J]. 经济评论, 2020, (05): 124-136.

[166] 李斌, 李拓. 环境规制、土地财政与环境污染: 基于中国式分权的博弈分析与实证检验[J]. 财经论丛, 2015(1): 99-106.

[167] 李拓. 土地财政下的环境规制"逐底竞争"存在吗?[J]. 中国经济问题, 2016(5): 42-51.

[168] HUANG Z, DU X. Urban land expansion and air pollution: Evidence from China[J]. Journal of urban planning and development, 2018, 144(4).

[169] 韩峰, 余泳泽, 谢锐. 土地资源错配如何影响雾霾污染: 基于土地市场交易价格和PM2.5数据的空间计量分析[J]. 经济科学, 2021(4): 68-83.

[170] DU W, LI M. The impact of land resource mismatch and land marketization on pollution emissions of industrial enterprises in China[J]. Journal of environmental management, 2021(299): 113565.

[171] 黄玖立, 冯志艳. 用地成本对企业出口行为的影响及其作用机制[J]. 中国工业经济, 2017(9): 100-118.

[172] 冯志艳, 黄玖立. 工业用地价格是否影响企业进入: 来自中国城市的微观证据[J]. 南方经济, 2018(4): 73-94.

[173] ANDERSÉN J, LJUNGKVIST T. Resource orchestration for team-based innovation: A case study of the interplay between teams, customers, and top management[J]. R & D management, 2021, 51(1): 147-160.

[174] SIRMON D G, HITT M A, IRELAND R D. Managing firm resources in dynamic environments to create value: Looking inside the black box[J]. Academy of management review, 2007, 1(32): 273-292.

[175] 刘运国, 刘梦宁. 雾霾影响了重污染企业的盈余管理吗: 基于政治成本假说的考察[J]. 会计研究, 2015(3): 26-33.

[176] 颜燕, 刘涛, 满燕云. 基于土地出让行为的地方政府竞争与经济增长[J]. 城市发展研究, 2013, 20(3): 73-79.

[177] 姚鹏, 张泽邦, 孙久文, 等. 城市品牌促进了城市发展吗: 基于"全国文明城市"的准自然实验研究[J]. 财经研究, 2021, 47(1):

32-46.

[178]徐莉萍,王英卓,刘宁,等.地方政府环境规制与企业迁移行为:基于中国工业企业数据库样本的成本视角[J].财经理论与实践,2019,40(04):81-87.

[179]胡新华.联盟组合中资源多样性的"双刃剑"效应:以产品市场势力为中介[J].财经论丛,2021(4):83-93.

[180]SAIZ A. The geographic determinants of housing supply[J]. The quarterly journal of economics,2010,3(125):1253-1296.

[181]李志生,金凌,孔东民.分支机构空间分布、银行竞争与企业债务决策[J].经济研究,2020,55(10):141-158.

[182]吉祥熙,黄明,李元旭.高管战略专注度、资源协奏与企业绩效[J].财经问题研究,2022,(03):122-129.

[183]罗宏,曾永良,刘宝华.企业扩张、激励不足与管理层在职消费[J].会计与经济研究,2015,29(1):24-40.

[184]马九杰,亓浩.土地一级市场垄断、土地财政的形成与动态变化:基于土地储备制度建立的准实验研究[J].中国土地科学,2019,33(8):43-52.

[185]马相东,张文魁,刘丁一.地方政府招商引资政策的变迁历程与取向观察:1978—2021年[J].改革,2021(8):131-144.

[186]王家庭,马洪福,姜铭烽,等.城市蔓延、土地资源错配与集聚经济[J].经济问题探索,2021(10):62-73.

[187]李强,高楠.城市蔓延的生态环境效应研究:基于34个大中城市面板数据的分析[J].中国人口科学,2016(6):58-67.

[188]谢富胜,匡晓璐.制造业企业扩大金融活动能够提升利润率吗:以中国A股上市制造业企业为例[J].管理世界,2020(12):13-28.

[189]于连超,张卫国,毕茜.产业政策与企业"脱实向虚":市场导向还是政策套利?[J].南开管理评论,2021,24(4):1-23.

[190]步晓宁,赵丽华,刘磊.产业政策与企业资产金融化[J].财经研究,2020,46(11):78-92.

[191]窦超,李馨子,陈晓. 政府背景大客户、创新投入及其影响途径[J]. 科研管理,2020,41(9):197-208.

[192]CHEN C, HUANG T C, GARG M, et al. Governments as customers: Exploring the effects of government customers on supplier firms' information quality[J]. Journal of business finance & accounting, 2021, 48(9-10): 1630-1667.

[193]COHEN D A, LI B. Customer-base concentration, investment, and profitability: The U.S. government as a major customer[J]. The accounting review, 2020, 95(1): 101-131.

[194]GOLDMAN J. Government as customer of last resort: The stabilizing effects of government purchases on firms[J]. The review of financial studies, 2020, 33(2): 610-643.

[195]CHEN H, JIA W, LI S, et al. Governmental customer concentration and audit pricing[J]. Managerial auditing journal, 2021, 36(2): 334-362.

[196]武威,刘国平. 政府采购与经济发展：转型效应与协同效应：基于产业结构升级视角[J]. 财政研究,2021(8):77-90.

[197]武威,刘玉廷. 政府采购与企业创新：保护效应和溢出效应[J]. 财经研究,2020,46(5):17-36.

[198]张国胜,匡慧姝,刘政. 政府采购如何影响产能利用率：来自中国制造企业的经验发现[J]. 经济管理,2018,40(9):41-58.

[199]谭德凯,田利辉. 民间金融发展与企业金融化[J]. 世界经济,2021,44(3):61-85.

[200]王红建,李青原,邢斐. 金融危机、政府补贴与盈余操纵：来自中国上市公司的经验证据[J]. 管理世界,2014(7):157-167.

[201]窦超,王乔菀,陈晓. 政府背景客户关系能否缓解民营企业融资约束?[J]. 财经研究,2020,46(11):49-63.

[202]姜爱华,朱晗. 政府采购对扶持不发达地区经济发展的影响研究：基于省级面板数据的实证分析[J]. 财政研究,2018(6):42-53.

[203]GENG Y, DOBERSTEIN B. Greening government procurement in developing countries: Building capacity in China[J]. Journal of environmental

management,2008,88(4):932-938.

[204]张沁琳,沈洪涛. 政府大客户能提高企业全要素生产率吗?[J]. 财经研究,2020,46(11):34-48.

[205]BURGUET R,CHE Y. Competitive procurement with corruption[J]. RAND Journal of economics,2004,35(1):50-68.

[206]MARION J. Are bid preferences benign? The effect of small business subsidies in highway procurement auctions[J]. Journal of public economics,2007,91(7-8):1591-1624.

[207]MARION J. How costly is affirmative action? Government contracting and California's Proposition 209[J]. The review of economics and statistics,2009,91(3):503-522.

[208]胡凯,蔡红英,吴清. 中国的政府采购促进了技术创新吗?[J]. 财经研究,2013,39(9):134-144.

[209]李明,冯强,王明喜. 财政资金误配与企业生产效率:兼论财政支出的有效性[J]. 管理世界,2016(5):32-45.

[210]顾雷雷,郭建鸾,王鸿宇. 企业社会责任、融资约束与企业金融化[J]. 金融研究,2020(2):109-127.

[211]彭俞超,韩珣,李建军. 经济政策不确定性与企业金融化[J]. 中国工业经济,2018(1):137-155.

[212]LAW S H,SINGH N. Does too much finance harm economic growth?[J]. Journal of banking & Finance,2014(41):36-44.

[213]钟华明. 企业金融化对创新投资的影响[J]. 经济学家,2021(2):92-101.

[214]胡海峰,窦斌,王爱萍. 企业金融化与生产效率[J]. 世界经济,2020,43(1):70-96.

[215]张成思,贾翔夫,唐火青. 金融化学说研究新进展[J]. 经济学动态,2020(12):125-139.

[216]RAMAN K,SHAHRUR H. Relationship-specific investments and earnings management:Evidence on corporate suppliers and customers[J]. The

accounting review,2008,83(4):1041-1081.

[217]胡奕明,王雪婷,张瑾.金融资产配置动机:"蓄水池"或"替代":来自中国上市公司的证据[J].经济研究,2017,52(1):181-194.

[218]宋军,陆旸.非货币金融资产和经营收益率的U形关系:来自我国上市非金融公司的金融化证据[J].金融研究,2015(6):111-127.

[219]聂辉华,阮睿,沈吉.企业不确定性感知、投资决策和金融资产配置[J].世界经济,2020,43(6):77-98.

[220]张沁琳.政府采购能推动企业的环境治理吗?[J].中国地质大学学报(社会科学版),2019,19(5):92-106.

[221]窦超,袁满,陈晓.政府背景大客户与审计费用:基于供应链风险传递视角[J].会计研究,2020(3):164-178.

[222]杜勇,张欢,陈建英.金融化对实体企业未来主业发展的影响:促进还是抑制[J].中国工业经济,2017(12):113-131.

[223]聂辉华,方明月,李涛.增值税转型对企业行为和绩效的影响:以东北地区为例[J].管理世界,2009(5):17-24.

[224]曹春方,周大伟,吴澄澄,等.市场分割与异地子公司分布[J].管理世界,2015(9):92-103.

[225]刘金东,管星华.不动产抵扣是否影响了"脱实向虚":一个投资结构的视角[J].财经研究,2019,45(11):112-125.

[226]万良勇,查媛媛,饶静.实体企业金融化与企业创新产出:有调节的中介效应[J].会计研究,2020(11):98-111.

[227]杜勇,眭鑫.控股股东股权质押与实体企业金融化:基于"掏空"与控制权转移的视角[J].会计研究,2021(2):102-119.

[228]财政部法条司.政府采购法治建设的重大成果:解读《政府采购法实施条例》[J].中国财政,2015(7):42-44.

[229]曹丰,谷孝颖.非国有股东治理能够抑制国有企业金融化吗?[J].经济管理,2021,43(1):54-71.

[230]桂黄宝.政府采购促进技术创新政策效果空间计量评估[J].科研管理,2017,38(9):161-168.

[231]周代数.创新产品政府采购政策:美国的经验与启示[J].财政科学,2021(8):133-141.

[232]阳佳余.融资约束与企业出口行为:基于工业企业数据的经验研究[J].经济学(季刊),2012,11(4):1503-1524.

[233]张成思,张步昙.中国实业投资率下降之谜:经济金融化视角[J].经济研究,2016,51(12):32-46.

[234]HADLOCK C J,PIERCE J R. New evidence on measuring financial constraints:Moving beyond the KZ index[J]. The review of financial studies,2010,23(5):1909-1940.

[235]高虹,袁志刚.产业集群的规模与效率影响[J].财贸经济,2021,42(2):119-133.

[236]曾庆生,周波,张程,等.年报语调与内部人交易:"表里如一"还是"口是心非"?[J].管理世界,2018,34(9):143-160.

[237]马宇.新兴经济体跨境资本流量合意区间测算研究[M].北京:中国社会科学出版社,2023.